서로 사랑하라

서로 사랑하라

이영훈 지음

초판 인쇄 2014년 3월 20일
초판 발행 2014년 3월 25일

발행처 서울말씀사
편집인 김호성
등 록 제11-105호

서울 강서구 허준로 217 가양테크노타운 306
Tel. 02-846-9222
Fax. 02-846-9225

서로 사랑하라

새 계명을 너희에게 주노니
서로 사랑하라 내가 너희를 사랑한 것같이 너희도 서로 사랑하라
너희가 서로 사랑하면 이로써 모든 사람이
너희가 내 제자인 줄 알리라

조용기 목사 추천
이영훈 목사 지음

베드로가 이르되 주여 어디로 가시나이까
께서 대답하시되 내가 가는 곳에 네가 지금은 따라올 수 없으나
는 따라오리라 베드로가 이르되 주여 내가 지금은 어찌하여 따라갈 수 없나이까
위하여 내 목숨을 버리겠나이다 예수께서 대답하시되
나를 위하여 네 목숨을 버리겠느냐 내가 진실로 진실로 네게 이르노니
울기 전에 네가 세 번 나를 부인하리라

서울말씀사

추천사

Foreword

오늘날 사람들은 전쟁과 기아와 테러, 질병과 분열과 다툼으로 가득 찬 세상에서 두려움과 불안, 공포를 느끼며 살아가고 있습니다. 마음에 상처와 고통을 안은 채 갈 바를 알지 못하고 방황하고 있습니다. 사람들은 긴장과 불안으로부터 벗어나기 위해 몸부림치며 마음의 평안을 찾기 원하지만, 이 세상 어디에서도 참된 쉼을 얻지 못하고 있습니다.

우리가 참평안을 얻기 위해서는 예수님을 믿고 의지해야 합니다. 물론 예수님을 믿는 우리 그리스도인들도 인생을 살면서 고난과 역경을 피할 수는 없습니다. 그러나 우리에게는 인생에 몰아치는 광풍과 폭우 속에서 우리를 부둥켜안고 메마른 삶의 광야에서 생수로 만족하게 하시는 분, 예수 그리스도께서 계십니다.

주님께서는 십자가에서 몸 찢기고 피 흘려 죽으심으로 우리의 죄악과 불의, 절망과 저주를 비롯한 우리 삶의 모든 문제를 해결하셨습니다.

그러므로 우리가 어떠한 어려움에 처해 있다고 할지라도 십자가에서 죽으시고 부활하신 예수님을 믿음으로 바라보면 진정한 안식을 얻고 평안을 누릴 수 있습니다. 예수님께서는 "평안을 너희에게 끼치노니 곧 나의 평안을 너희에게 주노라 내가 너희에게 주는 것은 세상이 주는 것과 같지 아니하니라 너희는 마음에 근심하지도 말고 두려워하지도 말라"(요 14:27)고 말씀하십니다. 우리가 주님 안에 거할 때 참된 쉼을 얻고 광야와 같은 이 세상을 살아갈 힘과 용기를 얻게 되는 것입니다.

금번에 이영훈 목사님이 수요 말씀 강해 때 은혜를 나눈 요한복음 강해 설교를 엮어 출간하는 이 책을 기쁜 마음으로 추천합니다. 이 설교집을 통해 살아 계신 예수님을 더욱 깊이 만나게 되시기 바랍니다. 그래서 영혼이 잘됨같이 범사에 잘되고 강건하며 생명을 얻되 풍성히 얻는 복을 받아 누리고, 다른 사람들에게 오직 예수 그리스도 안에 진정한 평안이 있음을 전하며 살아가시기를 축원합니다.

2014년 3월

여의도순복음교회

원로목사 조용기

머리말

Preface

요한복음은 우리 그리스도인들에게 오랜 벗과 같은 책입니다. 예수님께서 가나 혼인 잔치에서 물로 포도주를 만드신 기적부터 부활하신 후 갈릴리 호숫가에서 베드로에게 "네가 나를 사랑하느냐?" 라고 물으신 이야기까지 그리스도인들에게 친숙한 이야기들로 가득하기 때문입니다. 그리스도인이라면 누구나 암송할 수 있는 성경 구절인 요한복음 3장 16절도 요한복음을 대하는 친숙함을 더해 줍니다.

그리고 요한복음은 예수님께서 사람들과 나누신 대화와 설교가 비교적 쉽게 쓰여져 있습니다. 따라서 이제 막 신앙생활을 시작한 분들이 쉽게 읽을 수 있고 기독교 신앙의 핵심을 접하기에도 매우 유익합니다.

이러한 점은 제가 수요 말씀 강해 시간에 사도행전 강해를 마치고 요한복음 강해를 시작한 이유이기도 합니다. 요한복음을 통해 우리에게 익숙하고 친근해서 자칫 소홀할 수 있는 복음의 본질과 신앙의 기본을 점검할 수 있습니다. 저는 이번 강해집을 통해 다음과 같은 유익이 있기를 바랍니다.

첫째로, 거듭남의 은혜를 새롭게 경험할 수 있기를 바랍니다. 우리 일생에 가장 큰 축복은 예수님을 믿고 하나님의 자녀가 되는 것입니다. 예수 그리스도의 십자가 대속을 믿음으로 말미암아 새사람으로 거듭나는 이 놀라운 축복은 세상의 어느 것과도 바꿀 수 없습니다. 그런데 거듭남의 은혜는 예수님을 구주로 영접한 사람에게만 주어집니다. 부모님의 신앙이나 기독교적인 가족 분위기에 의해 주어지는 것이 아닙니다. 모태신앙인일지라도 예수님을 인격적으로 만나고 삶의 주인으로 인정하고 고백할 때 거듭날 수 있습니다. 또한 거듭난 사람답게 살아가려면 거듭남의 은혜를 날마다 풍성하게 체험해야 합니다. 그럴 때 더욱 신실한 예배자로 설 수 있으며, 넘치는 감사와 감격 가운데 신앙생활을 해 나갈 수 있습니다

둘째로, 성령님에 대해 더욱 깊이 이해할 수 있기를 바랍니다. 사도행전이 '성령의 행전'이라면 요한복음은 '성령의 복음'이라고 할 만큼 성령님에 대한 예수님의 가르침이 두드러집니다. 요한

복음에는 사복음서 가운데 유일하게 예수님께서 성령님을 보혜사로 언급하신 기록이 있습니다. 보혜사는 헬라어로 '파라클레토스'인데 '변호자, 위로자, 상담자' 등의 의미를 가지고 있습니다. 보혜사 성령님의 대한 예수님의 가르침은 예수님의 승천 이후 고난과 박해에 직면한 제자들의 사역에 큰 용기와 힘이 되었습니다. 이는 또한 성령의 시대를 사는 현대 그리스도인의 신앙과 복음 전파 사역의 원동력이 무엇이 되어야 하는지 확실히 알게 하신 말씀이기도 합니다.

셋째로, 예수님과의 친밀한 교제가 회복될 수 있기를 바랍니다. 요한복음에는 예수님께서 자신에 대해 말씀하신 기록이 많이 나옵니다. 예를 들면, 요한복음 15장 5절의 "나는 포도나무요 너희는 가지라"는 말씀에서 보듯 예수님은 어떤 분이시며 우리와 예수님은 어떤 관계인지에 대한 풍성한 가르침을 얻을 수 있습니다. 또한 예수님께서는 예수님 자신이 말씀이시며, 성부 하나님께서 보내신 메시아 예수님을 거부하는 것은 하나님 아버지를 거부하는 것임을 분명히 하셨습니다(요 12:44-48). "내가 곧 길이요 진리요 생명이니 나로 말미암지 않고는 아버지께로 올 자가 없느니라"(요 14:6)고 하신 예수님의 말씀은 종교다원주의가 만연한 시대를 살고 있는 현대 그리스도인에게 신앙의 든든한 버팀목이자 구원의 바른 이정표가 됩니다.

요한복음은 예수님을 향한 우리의 사랑과 헌신을 새롭게 합니다. 거듭난 성령의 사람이 되어 작은 예수의 삶을 살아갈 수 있도록 인도해 줍니다. 이 책을 읽는 모든 분들이 작은 예수가 되어 가는 곳마다 그리스도의 향기를 발하고 영생의 말씀을 전파할 수 있기를 바랍니다. 또한 여러분이 가는 곳에 영생의 기쁨과 천국의 평안이 넘쳐 나기를 축복합니다.

2014년 3월

여의도순복음교회
담임목사 이영훈

서론

Introduction

1. 주제

하나님의 아들이시며 세상의 구주이신 예수 그리스도

2. 핵심 성구 : 요한복음 3장 16절

"하나님이 세상을 이처럼 사랑하사 독생자를 주셨으니 이는 그를 믿는 자마다 멸망하지 않고 영생을 얻게 하려 하심이라"

3. 기록자 : 요한

본서의 기록자는 사도 요한이다. 그는 갈릴리 벳새다 사람으로 아버지는 세베대, 야고보와 형제였고 직업은 어부였다(눅 5:10). 예수님의 사랑을 많이 받았으며(요 13:23), 예수님을 가까이 모신 세 명의 제자(베드로, 야고보, 요한) 중의 한 사람이었고(막 9:2), 성격이 급해서 '보아너게', 곧 '우레의 아들' 이라는 별명이 있었다(막 3:17).

요한은 다른 제자들이 다 도망간 후에도 십자가에 달리신 예수님의 곁에 남아 예수님으로부터 어머니 마리아를 보호해 달라는 부탁을 받은 제자였다(요 19:26-27). 그는 요한복음 외에도 요한 1, 2, 3서와 요한계시록을 기록하였으며, 복음을 전하다가 밧모섬에 유배되었고(계 1:9), 주후 100년경 에베소에서 세상을 떠났다고 전해진다.

4. 기록 목적

이 복음서를 기록한 목적은 요한복음 20장 30절부터 31절에 기록된 대로 예수님께서 하나님의 아들 그리스도이심을 믿게 하려 함이요, 또 믿고 그 이름을 힘입어 생명을 얻게 하려는 것이다.

"예수께서 제자들 앞에서 이 책에 기록되지 아니한 다른 표적도 많이 행하셨으나 오직 이것을 기록함은 너희로 예수께서 하나님의 아들 그리스도이심을 믿게 하려 함이요 또 너희로 믿고 그 이름을 힘입어 생명을 얻게 하려 함이니라"(요 20:30-31)

이것은 요한복음뿐 아니라 모든 복음서들의 공통 목적이며, 모든 성경의 일차적인 목적이다(딤후 3:15).

5. 기록될 당시의 상황

요한복음은 복음서 가운데 가장 나중에 기록된 책으로서 1세기 말, 주후 90년경 에베소에서 기록되었다. 사도 요한이 본서를 기록할 때 초대 교회는 로마 정부의 박해를 이겨 내야 했을 뿐만 아니라 교회의 교리를 확립해야 하는 시급한 과제를 안고 있었다. 당시 교회는 안으로는 유대교인들과의 거센 교리적 갈등이 있었으며, 밖으로는 헬라 철학 사상의 영향을 받은 각종 이단들 때문에 어려움을 겪고 있었다.

6. 특징

1) 사복음서 가운데 가장 영적인 책으로서, 단순 명료한 문체로 쓰였다.
2) 시작에서부터 예수님께서 고난당하시는 순간에 이르기까지 하나님의 독생자이신 예수 그리스도의 영광이 강조되었다.
3) 성령님에 대하여 강조하고 있다.
4) 기독교 윤리의 근원적 규범이 되는 사랑과 하나 됨이 잘 나타나 있다.
5) 예수님께서 행하신 사역을 표적들로 정리하고 있으며, 주님의 가르침은 주로 표적들의 의미를 밝히는 형태로 나타난다.
6) '나는…이다' 라는 예수님의 신적 권위를 나타내는 표현이

많이 등장한다.

7) 이상과 같이 예수님의 신성이 많이 나타나 있지만 그와 동시에 예수님의 인성도 많이 나타나 있다(요 4:6, 11:35, 19:28 등).

7. 사복음서 내의 요한복음

신약 성경에는 네 권의 복음서(마태, 마가, 누가, 요한)가 있다. 각 복음서는 예수님의 탄생부터 공생애 사역, 십자가 수난, 부활, 승천까지 예수님의 전 생애에 걸친 사역과 말씀을 기록하고 있다.

그중에서 첫 세 권의 복음서, 즉 마태, 마가, 누가복음을 요한복음과 구분해서 '공관복음' 이라고 부른다. '공관복음(共觀福音)' 이란 같은 관점에서 예수님의 생애와 사역을 보았다는 의미이다. 공관복음과 요한복음은 내용적인 면에서 차이가 있다. 공관복음은 예수님께서 주로 갈릴리에서 활동하신 사실을 나타내고 있으나, 요한복음에서는 유대에서의 행적을 많이 기록하고 있다. 그리고 공관복음에서는 예수님께서 주로 비유로 가르치시는 반면, 요한복음에서는 예수님께서 행하신 표적이 갖는 의미에 관한 긴 설교가 많이 나타난다. 공관복음에서 예수님께서 선포하신 메시지의 핵심 주제는 '하나님의 나라(천국)' 이지만, 요한복음에서는 '영생(영원한 생명)' 이다. 또한 요한복음에는 예수님의 공적인 접촉보다 개인적인 대화가 많아 무려 열다섯 번이나 대화하신 일이 기록되어 있다.

8. 요한복음에 나타난 예수님

사도 요한은 "나는 … 이다"라는 표현을 일곱 차례 사용하여 예수님의 참모습을 묘사하고 있다.

1) 생명의 떡(요 6:35)

2) 세상의 빛(요 8:12, 9:5)

3) 양의 문(요 10:7)

4) 선한 목자(요 10:11, 14)

5) 부활이요 생명(요 11:25)

6) 길이요 진리요 생명(요 14:6)

7) 참포도나무(요 15:1)

9. 개요

대주제	초점	소주제
하나님의 아들 예수 그리스도	표적을 행하심	1. 서문(1:1-18)
		2. 예수님의 공생애(1:19-12장)
	자신을 나타내심	3. 예수님의 고별 설교와 기도(13-17장)
		4. 예수님의 죽으심과 부활(18-21장)

총 21장 878절

차 례

Contents

Chapter 14

길이요 진리요 생명이신 예수님

Chapter 15

참포도나무이신 예수님

"한 알의 밀이 땅에 떨어져
죽지 아니하면
한 알 그대로 있고 죽으면
많은 열매를 맺느니라"

Chapter

12

A Commentary on the Gospel of John

예수님의 예루살렘 입성

주님께 향유를 부은 마리아 (요 12:1-11)

호산나 (요 12:12-26)

내가 땅에서 들리면 (요 12:27-36)

구원과 심판 (요 12:37-50)

John

요 12:1-11

"유월절 엿새 전에 예수께서 베다니에 이르시니 이곳은 예수께서 죽은 자 가운데서 살리신 나사로가 있는 곳이라 거기서 예수를 위하여 잔치할 새 마르다는 일을 하고 나사로는 예수와 함께 앉은 자 중에 있더라 마리아는 지극히 비싼 향유 곧 순전한 나드 한 근을 가져다가 예수의 발에 붓고 자기 머리털로 그의 발을 닦으니 향유 냄새가 집에 가득하더라 제자 중 하나로서 예수를 잡아 줄 가룟 유다가 말하되 이 향유를 어찌하여 삼백 데나리온에 팔아 가난한 자들에게 주지 아니하였느냐 하니 이렇게 말함은 가난한 자들을 생각함이 아니요 그는 도둑이라 돈궤를 맡고 거기 넣는 것을 훔쳐 감이러라 예수께서 이르시되 그를 가만 두어 나의 장례할 날을 위하여 그것을 간직하게 하라 가난한 자들은 항상 너희와 함께 있거니와 나는 항상 있지 아니하리라 하시니라 유대인의 큰 무리가 예수께서 여기 계신 줄을 알고 오니 이는 예수만 보기 위함이 아니요 죽은 자 가운데서 살리신 나사로도 보려 함이러라 대제사장들이 나사로까지 죽이려고 모의하니 나사로 때문에 많은 유대인이 가서 예수를 믿음이러라"

42

주님께 향유를 부은 마리아

—— 우리가 사복음서라고 부르는 마태·마가·누가·요한복음은 예수님의 탄생, 죽음, 부활, 그리고 승천에 이르기까지 그 모든 이야기를 자세히 기록하고 있습니다. 그중에서도 예수님께서 십자가에 달려 죽으시기 전 일주일 동안 일어난 일들을 집중적으로 다루고 있습니다.

요한복음에서는 1장부터 11장까지 예수님의 3년 동안의 공생애에 대해 기록하고 있고, 12장부터는 마지막 일주일에 대해 기록하고 있습니다. 그리고 그 시작이 우리가 잘 아는 마리아의 헌신에 대한 이야기입니다.

1. 예수님께 향유를 부은 마리아

"유월절 엿새 전에 예수께서 베다니에 이르시니 이곳은 예수께서 죽은 자 가운데서 살리신 나사로가 있는 곳이라 거기서 예수를 위하여 잔치할 새 마르다는 일을 하고 나사로는 예수와 함께 앉은 자 중에 있더라" 요 12:1-2

유대인의 최대 명절인 유월절이 엿새 앞으로 다가왔습니다. 예수님께서는 나사로와 두 자매 마르다, 마리아가 살고 있는 베다니에 가셨습니다. 베다니는 '가난의 집' 이라는 그 이름의 뜻처럼 가난한 사람들이 모여 사는 곳이었습니다. 그러나 예수님께서 죽었던 나사로를 살리신 후에는 기적의 현장으로 은혜가 넘치는 곳이 되었습니다. 베다니는 12장 9절에 말씀하고 있는 것처럼 기적의 현장을 방문하려는 많은 유대인들로 인해 북적이게 되었습니다.

이처럼 예수님의 은혜와 능력이 임하는 곳에는 놀라운 변화가 나타납니다. 가난의 고통으로 신음하는 소리, 삶의 어려움으로 원망과 불평의 소리가 끊이지 않던 곳이 변하여 은혜와 믿음의 향기가 가득하여 사람들을 모여 들게 하는 곳이 됩니다. 이는 개인에게도 마찬가지입니다. 우리가 예수님을 믿기 전에는 죄로 인해서 썩은 냄새가 가득하던 사람들이었습니다. 부정적인 말과 부정적인 생각의 냄새, 시기와 질투의 냄새, 분노와 다툼의 냄새가 가득했습니다. 그러나 예수님을 믿고 새사람이 된 지금은 죄의 냄새가 사라지고 사랑, 기쁨, 평안, 축복의 향기를 발하게 되었습니다.

예수님을 믿고 새사람이 된 지금은 죄의 냄새가 사라지고 사랑, 기쁨, 평안, 축복의 향기를 발하게 되었습니다.

"마리아는 지극히 비싼 향유 곧 순전한 나드 한 근을 가져다가 예수의 발에 붓고 자기 머리털로 그의 발을 닦으니 향유 냄새가 집에 가득하더라" 요 12:3

나사로의 부활로 인해 그 가정이 기적과 축복의 현장이 된 후, 믿음의 역사에 뚜렷한 흔적을 남길 만한 또 다른 일이 나사로의 집에서 일어났습니다. 예수님과 부활한 나사로, 그리고 제자들이 함께 모여 있었고, 마르다는 음식을 장만하고 있을 때 마리아가 다가왔습니다. 마리아의 손에는 매우 비싼 향유인 나드가 담긴 병이 있었습니다. 향유는 당시 처녀들이 시집갈 때 가지고 가는 혼수품이었습니다. 가격이 비쌌기 때문에 한꺼번에 많은 양을 살 수 없었고, 돈이 생길 때마다 조금씩 사서 병에 담아 보관했습니다. 그리고 가득 차게 되면 입구를 밀봉했습니다.

마리아가 가진 병에 담긴 향유의 양은 무려 한 근이나 되었습니다. 여기서 한 근은 약 500㎖ 정도인데, 보통 향유 병에는 30~40㎖가 들어 있었습니다. 마리아는 이 엄청난 양의 향유를 예수님의 발에 부었습니다. 그리고 마리아는 머리카락으로 예수님의 발을 닦았습니다. 많은 양의 향유가 예수님의 발을 타고 바닥에 흘러내리자 온 집안은 그 향기로 가득했습니다.

누가복음 7장을 보면 이와 비슷한 사건이 나옵니다. 그러나 오늘 본문의 사건과는 엄연히 다릅니다. 누가복음에 등장하는 여인과 나사로의 여동생 마리아는 둘 다 값비싼 향유를 예수님의 발에 붓고 머리카락으로 발을 닦았습니다. 하지만 누가복음의 여인은 죄를 지은 한 여자라고 소개되고 있습니다. 예수님의 공생애 초기에 갈릴리에서 있었던 일입니다. 이 여인은 예수님께 자신의 죄를 용서받은 것에 대한 감사로 예수님께 나왔습니다.

그렇다면 마리아는 왜 귀한 향유를 예수님의 발에 부었을까요? 그리고 왜 머리카락으로 예수님의 발을 닦았을까요? 먼저 마리아의 이 행동이 얼마나 과감한 행동이었는지를 생각해 보겠습니다. 당시 유대 사회에서 여자가 남자 앞에서 머리를 푼다는 것은 관습에 매우 어긋나는 일이었습니다. 더군다나 여자가 자신의 머리카락으로 남자의 발을 닦는 것은 상상할 수 없는 일이었습니다. 그러나 마리아에게는 그 모든 것을 무릅쓰고서라도 그 행동을 통해 표현하고 싶은 것이 있었습니다.

분명한 것은 엄청난 수고를 통해 얻었을 향유였지만, 마리아에게는 예수님의 발을 씻는 일에 사용하는 것이 아깝지 않았다는 점입니다. 마리아의 향유는 시집갈 때 써야 할 혼수품이었습니다. 결혼은 당시 상황을 고려한다면 일생을 결정지을 매우 중요한 일이었기 때문에 혼수품인 향유를 결혼 전에 사용한다는 것은 정말 큰 결단이 필요한 일이었습니다. 그리고 향유는 집안에 큰일이 생겨 목돈이 필요할 때 요긴하게 사용할 수 있는 일종의 비상금 역할도 했습니다. 그러나 마리아는 여러 해 동안 모았을 그 향유를 단 한 순간에 예수님의 발에 쏟았습니다. 마리아는 향유를 드린 것이 아니라 자신을 드린 것이었습니다. 예수님을 위해 헌신한 것입니다. 헌신이란 예수님께 무엇을 드려도 아깝지 않을 때 할 수 있는 것입니다.

윌리엄 맥도날드 목사님은 헌신에 대해 이렇게 말했습니다.

"헌신이란 주님께서 원하시는 대로 하시도록 자신의 삶을 주님께 드리는 분명하고도 사려 깊은 행위다. 그것은 우리의 권리를 포기하고 주님의 왕좌의 권리를 인정하는 것이며, 우리를 위해 모든 것을 포기하신 분을 위해 우리의 모든 것을 포기하는 것이다."

예수님이라는 보배를 얻은 사람은 자신이 보배로 여기던 것을 포기할 수 있습니다.

날 위해 생명을 주신 예수님을 진정으로 만난 사람이라면 예수님을 위해 모든 것을 포기할 수 있습니다. 예수님이라는 보배를 얻은 사람은 자신이 보배로 여기던 것을 포기할 수 있습니다.

마리아는 '예수님을 위해 무엇을 드릴까? 예수님을 위해 어떻게 하면 더욱 헌신할 수 있을까?'라고 여러 날 생각하고 생각했을 것입니다. 마리아가 '예수님을 위해 무엇을 할 수 있을까, 어떻게 섬길 수 있을까?'라고 고민하는 동안 마리아의 마음에 원망과 불평, 지난날의 상처로 인한 아픔과 분노가 있었을까요? 예수님의 발아래 향유를 쏟기 전에 이미 마리아의 마음은 예수님 앞에 다 드려져 있었습니다. 마리아가 병을 깨뜨려 부은 것은 향유가 아니라 자신을 깨트려 온 마음을 부은 것입니다.

신앙생활의 어려움이 어디에서 옵니까? 깨어지지 않는 나의 자아에서 옵니다. 예수님께 온전히 헌신하지 못한 마음에서 옵니다. 두 마음을 품고 예수님과 세상 사이에서 갈등하기 때문에 신앙생활에 문제가 다가오는 것입니다.

두 마음을 품고 예수님과 세상 사이에서 갈등하기 때문에 신앙생활에 문제가 다가오는 것입니다.

성경은 마리아가 향유를 쏟은 다음 온 집안이 향유의 향기로 가득했다고 말씀하고 있습니다(요 12:3). 온전한 마음으로 예수님께 헌신된 사람이 있는 곳에는 향기가 넘쳐납니다. 아끼지 않고 드리는 헌신의 향기, 희생할 줄 아는 사랑의 향기, 이웃을 돌아볼 줄 아는 섬김의 향기가 넘쳐납니다. 죄로 인한 분노와 다툼, 시기와 질투, 원망과 불평의 냄새가 사라집니다. 죄로 물들었던 자아가 죽고, 예수님과 부활하여 작은 예수로 살아가는 사람으로 인해 가정, 직장, 교회, 사회가 아름다워집니다.

한국 교회가 해방 이후 최초로 파송한 최찬영 선교사님이라는 분이 있습니다. 선교사님은 6·25 전쟁 당시 죽을 위기를 수차례 넘기면서 생명이 더 이상 자신의 것이 아님을 깨닫고 주의 종이 되었습니다. 이후 미군 통역관이자, 군종 목사가 된 선교사님은 '어떻게 하면 하나님께 영광 돌릴 수 있을까?'를 늘 고민하며 사역하고 있었습니다.

그러던 어느 날, 모두가 부러워할 만한 좋은 기회가 선교사님에게 찾아왔습니다. 미국 풀러신학교에서 학비는 물론 생활비와 용돈까지 제공하겠다는 파격적인 조건을 담은 초청장이 온 것이었습니다. 또한 의사로 일하면서 평소 선진 의학을 배우고 싶어 했던 사모님에게도 학교 근처에 있는 카이저기념병원에서 수련의로 일할 수 있는 기회가 열렸습니다. 소위 말하는 '아메리칸 드림'을 이룰 수 있는 절호의 기회가 찾아온 것입니다.

그런데 선교사님 부부가 들뜬 마음으로 유학을 준비하던 어느 날, 갑자기 교단 총회에서 연락이 왔습니다. 해방 이후 첫 선교사를 파송하기 위해 회의를 했는데, 총회의 중진 목사님들이 모두 선교사님을 추천했다는 것이었습니다. 이는 곧 미국 유학과 보장된 미래를 포기해야 한다는 것을 의미했습니다. 선교사님은 마음속으로 많은 갈등을 했지만 밤을 새워 기도한 후 결단을 내렸습니다. "선교는 주님께서 원하시는 것이다. 나의 생명은 덤으로 얻은 것인데, 주님께서 부르신다면 어찌 순종하지 않을 수 있는가!"

이렇게 해서 1955년, 선교사로서 첫 발을 내딛게 된 선교사님 부부는 태국, 필리핀, 홍콩에서 37년 동안 사역하시다가 만 65세인 1992년에 은퇴를 하셨습니다. 선교사님은 아시아인 최초로 성서공회 아시아 태평양 지역 총무를 역임하셨고, 중국에 성경 인쇄 공장을 세워 900만 권 이상(현재는 6,000만 권 이상)의 성경을 중국어, 한국어, 여러 소수 민족 언어로 출판하는 귀한 사역을 감당하셨습니다.

그런데 이렇게 '헤븐 드림'을 위해 '아메리칸 드림'을 포기하고 일생을 헌신한 선교사님 부부에게 하나님께서는 놀라운 선물을 준비하셨습니다. 37년 전 학생으로 초청한 풀러신학교에서 선교대학원 초청 교수로 선교사님을 부른 것입니다. 이와 같은 은혜를 체험한 선교사님은 이렇게 고백했습니다.

"저의 작은 믿음 가운데 주님께서 동행하셔서 태국과 아시아 지역의 모든 민족에게 하나님의 말씀을 전할 수 있었으며, 사역 가운데 30배, 60배의 축복을 받았습니다. 주님을 위해 사는 삶, 주님과 동행하면서 사는 삶이 최선의 삶입니다. 주님의 뜻을 이루는 것이 최고의 행복입니다. 내 것을 모두 포기하고 주님의 함께하심만을 구하는 것이 최대의 기쁨입니다!"

2. 예수님의 장례를 예비한 마리아

> **"제자 중 하나로서 예수를 잡아 줄 가룟 유다가 말하되 이 향유를 어찌하여 삼백 데나리온에 팔아 가난한 자들에게 주지 아니하였느냐 하니"** 요 12:4-5

예수님의 제자 중 가룟 유다가 나섰습니다. 유다는 화를 내며 "어찌하여 향유를 삼백 데나리온에 팔아 가난한 사람들에게 주지 않았느냐?"라고 마리아에게 다그치듯 말했습니다. 유다의 이 말은 그가 어떤 사람인지를 매우 잘 말해 줍니다. 유다는 마리아가 쏟은 향유의 양을 보고 순식간에 그 가격이 어느 정도인지를 알아차렸습니다. 가격이 비쌀 것이라는 정도가 아니라 '삼백 데나리온' 이라고 꼬집어 말했습니다. 여기서 유다는 '삼백 데나리온' 을 힘주어 말했을 것이 분명합니다. 한 데나리온은 당시 노동자의 하루 품삯에 해당하는 금액이었기 때문에 '삼백 데나리온' 은 거의 일 년을 벌어야 모을 수 있는 돈이었습니다. 예수님께서 광야에서 오병이어의 기적을 베푸시며 약 이만 명을 먹이실 때, 빌립이 그곳에 모인 사람을 먹이려면 약 이백 데나리온이 필요할 것이라고 말했던 적이 있습니다(요 6:7). 이백 데나리온이 이만 명이 넘는 사람을 먹일 수 있을 큰돈이라면 삼백 데나리온은 보통 사람에게는 정말 어마어마한 돈이었습니다. 그러니 유다가 볼 때 그 큰 값어치가 있는 향유를 한꺼번에 쏟아버리는 일은 정말 어리석은 일이었습니다. 차라리 그것을 팔아 가난한 사람을 돕는다면 그것이 의미 있는 일이라고 생각했습니다.

"이렇게 말함은 가난한 자들을 생각함이 아니요 그는 도둑이라 돈궤를 맡고 거기 넣는 것을 훔쳐 감이러라" 요 12:6

얼핏 보면 유다는 지혜롭고 신중한 사람처럼 보입니다. 그러나 본문 4절에서 말씀하고 있듯이 그는 은 삼십에 예수님을 팔 자였습니다. 요한복음에서 유다가 처음 등장하는 6장 71절을 보면 예수님을 배반할 자라고 지목되어 있습니다.

"이 말씀은 가룟 시몬의 아들 유다를 가리키심이라 그는 열둘 중의 하나로 예수를 팔 자러라"

이것을 생각해 보면 유다는 지혜롭고 신중한 탓에 마리아의 행동을 꾸짖은 것이 아님을 알 수 있습니다. 유다는 단지 향유가 아까웠던 것입니다. 유다는 예수님과 제자들의 사역에 필요한 활동비를 관리하는 책임을 맡고 있었는데, 공금을 개인적으로 착복하는 일이 많았습니다. 그래서 삼백 데나리온이 헌금으로 들어왔다면 자기 주머니에 상당한 액수를 넣을 수 있었을 텐데 그렇게 하지 못하게 된 것을 생각하니 화가 났던 것입니다.

이처럼 유다의 마음은 탐욕으로 가득 차 있었습니다. 자신의 부패한 마음을 감추기 위해 마리아의 헌신을 깎아내렸습니다. 우리가 가진 물질을 하나님께 드리고 이웃을 섬기는 일에 아낌없이 사용하면 그 물질은 아름다운 것이 됩니다. 그러나 탐욕이 가득한 마음으로 물질을 섬기면 물질이 우상이 되고 죄의 뿌리가 됩니다. 부모가 세상을 떠나면서 남겨 준 많은 재산 때문에 자녀들이 불화를 겪고 가족이 깨어지는 것은 우리 주변에서 흔히 볼 수 있는 일입니다. 유다처럼 물질에 눈이 멀면 주님을 배반하는 제자가 되고 주님을 향한 다른 사람의 헌신도 어리석게 생각하는 사람이 되고 맙니다.

탐욕이 가득한 마음으로 물질을 섬기면 물질이 우상이 되고 죄의 뿌리가 됩니다.

그런데 예수님을 생각해 보십시오. 예수님께서는 물질에 대한 탐욕에 빠진 제자, 자신을 배반할 제자임에도 불구하고 가룟 유다를 끝까지 사랑하셨습니다. 예수님의 사역을 위해 써야 할 돈을 도둑질하고, 예수님을 대적자들에게 팔아넘긴 그를 예수님께서는 버리지 않으셨습니다.

> "예수께서 이르시되 그를 가만 두어 나의 장례할 날을 위하여 그것을 간직하게 하라 가난한 자들은 항상 너희와 함께 있거니와 나는 항상 있지 아니하리라 하시니라" 요 12:7-8

예수님께서는 "마리아를 그냥 두어라."는 말씀으로 마리아를 책망하는 가룟 유다를 제지하셨습니다. 그리고 마리아가 취한 행동의 의미에 대해서 말씀하셨습니다. 예수님께서는 "나의 장례할 날을 위하여 그것을 간직하게 하라"고 말씀하셨는데, 이는 다시 말하면 "마리아가 이 향유를 간직해 온 것은 나의 장례를 위한 것이었다."라는 말씀입니다. 그리고 향유를 팔아 가난한 자를 왜 돕지 않았냐는 유다의 말에는 "가난한 자들은 항상 너희와 함께 있지만 나는 항상 너희와 함께 있지 않다."라고 말씀하셨습니다. 유다는 자신의 탐욕을 숨기기 위해 마리아를 어리석은 사람으로 몰아붙였지만, 예수님께서는 마리아가 행한 일의 참의미를 밝히 드러내 주셨습니다.

마리아는 다른 어떤 제자들도 생각하지 못한 일로 예수님을 섬겼습니다. 며칠 후면 예수님께서는 고난을 당하시고 십자가에 못 박혀 죽으셔야 했습니다. 예수님께서는 여러 차례 제자들에게 이에 대해 말씀하셨습니다. 그러나 제자들은 그 말씀의 의미를 깨닫기는커녕 곧 예수님께 닥칠 일들에 대해 신경조차 쓰지 않았습니다. 예수님께서 고난을 당하실 때에도 도망치기 바빴습니다.

마리아는 영적인 여인이었습니다. 예수님의 말씀을 진심으로 귀담아 듣고, 예수님을 진실한 마음으로 섬길 줄 아는 여인이었습니다. 사랑하는 예수님께서 죽음을 눈앞에 두신 시점에서 예수님께 받은 은혜에 감사를 드리고, 예수님의 장례를 준비하고자 하는 헌신의 마음으로 가득했습니다. 일생 동안 가진 모든 것을 예수님께 드려서 섬겨도 부족할 것이기에, 죽음을 당하실 예수님을 위해서 드리지 못할 것이 없었던 것입니다. 마리아는 진실로 예수님의 마음을 헤아릴 줄 아는, 예수님의 마음을 아는 제자였습니다.

우리가 예수님을 섬길 때 예수님의 마음을 아는 것만큼 중요한 것은 없습니다. 우리가 예수님의 마음을 알고자 한다면 더 많은 기도와 말씀 묵상을 통해 예수님의 음성 듣기를 사모해야 합니다. 우리가 예수님의 마음을 알면 알수록 나는 죽고 내 안에 예수님만이 사시게 됩니다. 더욱 더 예수님을 의지하고, 예수님만 바라보게 됩니다.

우리가 예수님의 마음을 알면 알수록 나는 죽고 내 안에 예수님만이 사시게 됩니다.

교회에서 열심히 봉사하고 성도들을 섬기다가 종종 시험에 드는 분들이 있습니다. 이유가 무엇입니까? 다른 사람들이 자신의 봉사와 섬김을 알아주지 않는 것에 대해 서운한 마음이 들었기 때문입니다. 자기 자신을 바라봐 주지 않는다고 상처를 받았기 때문입니다. 주님께 받은 은혜가 참으로 커서 주님의 몸 된 교회를 위해 섬기는데 왜 다른 사람들이 나를 주목해 주기를 바랍니까? 내가 하는 봉사와 섬김이 주님께서 내게 베풀어 주신 사랑에 비하면 아무것도 아닌데 왜 사람들이 내가 하는 것을 인정해 주기를 바랍니까?

교회 안에는 우리가 미처 알지 못하는 섬김의 손길이 많습니다. 우리 교회에서는 매월 첫 주일에 성찬식을 하는데 그때마다 여선교회에서 토요일 하루 종일 얼마나 정성을 들이는지 모릅니다. 예배 전후로 주차 안내를 하시는 집사님들은 비가 오나 눈이 오나 쉬지 않고 성도들의 편의를 돕기 위해 얼마나 고생을 하는지 말로 다 할 수 없습니다. 교회학교 교사나, 성가대원도 물론입니다. 많은 성도들이 당연하게 생각하며 받는 섬김 뒤에는 말없이 맡은 자리에서 최선을 다하는 헌신된 일꾼들의 피와 땀이 있습니다.

3. 나사로까지 죽이려는 유대 지도자들

"유대인의 큰 무리가 예수께서 여기 계신 줄을 알고 오니 이는 예수만 보기 위함이 아니요 죽은 자 가운데서 살리신 나사로도 보려 함이러라" 요 12:9

나사로 가족이 사는 베다니는 더 이상 아무도 주목하지 않는 조그만 동네가 아니었습니다. 많은 유대인들이 예수님과 예수님께서 살리신 나사로를 보기 위해 베다니에 몰려들었습니다.

"대제사장들이 나사로까지 죽이려고 모의하니 나사로 때문에 많은 유대인이 가서 예수를 믿음이러라" 요 12:10-11

베다니는 기적을 직접 확인해 보고자 하는 이들로 북새통을 이루었습니다. 그런데 이로 인해 예수님의 영향력이 확대되는 것을 경계하며 예수님을 죽이고자 하던 대제사장들이 또 다른 악행을 계획했습니다. 나사로를 죽이려고 모의하기 시작한 것입니다. 나사로의 부활로 인해 예수님을 믿는 사람들이 폭발적으로 늘어났기 때문입니다. 하나님을 섬기는 대제사장들이 하나님께서 보내신 메시아인 예수님을 믿는 사람들이 늘어나는 것에 위기감을 느껴 살인을 모의했다는 것은 비극입니다. 그들은 사람들에게 그동안 받아 왔던 존경과 유대 사회에서 지도층으로 군림하며 누렸던 특권을 예수님께 빼앗길까 두려웠습니다. 그들은 부활한 나사로를 죽이고 예수님과 예수님을 믿는 사람들에 대해 박해의 고삐를 당기면 복음 전파를 막아설 수 있다고 생각했습니다.

그러나 예수 그리스도의 복음의 능력은 박해와 환난이 심하면 심할수록 더욱 강하게 나타나고, 성령님께서는 믿는 자들로 하여금 강하고 담대한 마음으로 복음 전파에 헌신할 수 있도록 도와주십니다. 따라서 환난과 핍박이 교회에 다가오면 결과적으로 부흥이 다가옵니다.

사도행전 11장 19절에서 21절을 보면 복음이 예루살렘을 넘어온 유대와 사마리아 그리고 이방 지역에 어떻게 퍼져 나갔는지를 확인할 수 있습니다.

"그때에 스데반의 일로 일어난 환난으로 말미암아 흩어진 자들이 베니게와 구브로와 안디옥까지 이르러 유대인에게만 말씀을 전하는데 그중에 구브로와 구레네 몇 사람이 안디옥에 이르러 헬라인에게도 말하여 주 예수를 전파하니 주의 손이 그들과 함께하시매 수많은 사람들이 믿고 주께 돌아오더라"

예수 그리스도의 복음이 예루살렘과 온 유대를 넘어 사마리아로, 이방 지역으로 퍼져 나가게 된 도화선이 바로 스데반의 순교입니다. 스데반의 순교를 통해 시작된 환난이 당시 수만 명의 교인들이 모였던 예루살렘교회를 덮치자 교인들은 뿔뿔이 흩어지게 되었습니다. 그러나 결과적으로 이 일을 통해 복음이 확장되는 결과를 가져왔습니다.

사랑하는 여러분, 예수님을 사랑하면 예수님께 헌신된 삶을 살게 됩니다. 예수님께 가장 귀한 것을 드리게 됩니다. 복음의 역사는 예수님께 온전히 헌신된 사람들의 것입니다. 헛되고 헛된 세상을 살면서 우리가 오직 바라고 구할 것은 예수님을 닮고, 예수님을 전하고, 예수님을 위해 사는 삶입니다. 마리아가 가장 귀한 것을 예수님께 아낌없이 드린 것처럼 여러분의 가장 귀한 것을 예수님께 드리는 삶을 살아가시기 바랍니다.

묵상을 위한 질문

1. 예수님께서 이 땅에서 보내신 마지막 유월절 엿새 전, 베다니 나사로의 집에 계실 때 어떤 일이 있었습니까(요 12:1-8)?

2. 마리아가 예수님의 발에 부은 것은 무엇이며, 당시 그것은 어느 정도의 가치를 가지고 있었습니까(요 12:3, 5)?

3. 마리아는 왜 그러한 행동을 했습니까(요 12:7)?

4. 예수님의 제자 중 마리아의 행동을 꾸짖은 제자는 누구였으며, 그는 왜 그런 반응을 보였습니까(요 12:4-6)?

5. 마리아의 행동을 꾸짖은 제자가 한 말에 대해 예수님께서는 어떤 반응을 보이셨습니까(요 12:7-8)?

6. 마리아가 예수님께 보여 드린 헌신의 의미에 대해 적어 보십시오.

7. 당신은 예수님을 위해 어떠한 희생과 헌신을 하고 있습니까?

암송 성구

"예수께서 이르시되 그를 가만 두어 나의 장례할 날을 위하여 그것을 간직하게 하라" (요 12:7)

서로
사랑하라

요 12:12-26

"그 이튿날에는 명절에 온 큰 무리가 예수께서 예루살렘으로 오신다는 것을 듣고 종려나무 가지를 가지고 맞으러 나가 외치되 호산나 찬송하리로다 주의 이름으로 오시는 이 곧 이스라엘의 왕이시여 하더라 예수는 한 어린 나귀를 보고 타시니 이는 기록된바 시온 딸아 두려워하지 말라 보라 너의 왕이 나귀 새끼를 타고 오신다 함과 같더라 제자들은 처음에 이 일을 깨닫지 못하였다가 예수께서 영광을 얻으신 후에야 이것이 예수께 대하여 기록된 것임과 사람들이 예수께 이같이 한 것임이 생각났더라 나사로를 무덤에서 불러내어 죽은 자 가운데서 살리실 때에 함께 있던 무리가 증언한지라 이에 무리가 예수를 맞음은 이 표적 행하심을 들었음이러라 바리새인들이 서로 말하되 볼지어다 너희 하는 일이 쓸 데 없다 보라 온 세상이 그를 따르는도다 하니라 명절에 예배하러 올라온 사람 중에 헬라인 몇이 있는데 그들이 갈릴리 벳새다 사람 빌립에게 가서 청하여 이르되 선생이여 우리가 예수를 뵈옵고자 하나이다 하니 빌립이 안드레에게 가서 말하고 안드레와 빌립이 예수께 가서 여쭈니 예수께서 대답하여 이르시되 인자가 영광을 얻을 때가 왔도다 내가 진실로 진실로 너희에게 이르노니 한 알의 밀이 땅에 떨어져 죽지 아니하면 한 알 그대로 있고 죽으면 많은 열매를 맺느니라 자기의 생명을 사랑하는 자는 잃어버릴 것이요 이 세상에서 자기의 생명을 미워하는 자는 영생하도록 보전하리라 사람이 나를 섬기려면 나를 따르라 나 있는 곳에 나를 섬기는 자도 거기 있으리니 사람이 나를 섬기면 내 아버지께서 그를 귀히 여기시리라"

43

호산나

——— 예수님께서는 예루살렘에 오실 때면 베다니에 들러 나사로의 가족과 교제를 나누셨습니다. 마지막 유월절을 보내시기 위해 예루살렘에 오실 때에도 여느 때처럼 그렇게 하셨습니다. 예수님께서 나사로의 집에 계실 때 마리아는 예수님의 발에 향유를 붓고 머리카락으로 닦았습니다. 이는 예수님의 장례를 위해서였습니다. 예수님께서는 마리아의 고귀한 헌신에 감동을 받으셨습니다. 반면 다른 제자들은 예수님께서 맞으셔야 할 고난에 대해 여전히 무지하였고, 가룟 유다와 같은 제자는 도리어 예수님을 위하는 마리아를 꾸짖기까지 했습니다.

1. 호산나 찬송

"그 이튿날에는 명절에 온 큰 무리가 예수께서 예루살렘으로 오신다는 것을 듣고" 요 12:12

예수님께서는 베다니 나사로의 집에서 하룻밤을 유하시고 이튿날 드디어 예루살렘에 입성하셨습니다. 예루살렘은 유월절을 보내기 위해 각지에서 모여든 유대인들로 넘쳐났습니다. 당시 유대인의 최대 명절인 유월절에는 예루살렘의 평소 인구보다 몇 배나 많은 200만 명에서 300만 명이 예루살렘에 머물렀습니다.

"종려나무 가지를 가지고 맞으러 나가 외치되 호산나 찬송하리로다 주의 이름으로 오시는 이 곧 이스라엘의 왕이시여 하더라" 요 12:13

예수님께서 예루살렘으로 오신다는 소식을 들은 많은 유대인들은 손에 종려나무 가지를 들고 "호산나 찬송하리로다 주의 이름으로 오시는 이 곧 이스라엘의 왕이시여"라고 외치며 예수님을 맞았습니다. 종려나무는 온화한 지중해성 기후에서 많이 볼 수 있습니다. 예수님을 맞을 때 종려나무 가지를 흔들었던 것으로 인해

〈종려나무〉

부활절의 전 주일, 즉 고난주간의 첫 날을 '종려 주일' 이라고 부릅니다.

사람들이 외친 '호산나 찬송' 은 시편 118편 25절과 26절에서 그 원형을 찾을 수 있습니다.

"야훼여 구하옵나니 이제 구원하소서 야훼여 우리가 구하옵나니 이제 형통하게 하소서 야훼의 이름으로 오는 자가 복이 있음이여 우리가 야훼의 집에서 너희를 축복하였도다"

'호산나' 라는 말은 '이제 구원하소서!' 라는 뜻입니다. 그리고 '주의 이름으로 오시는 이, 곧 이스라엘의 왕' 이라는 칭호는 '하나님의 아들, 메시아'에 대한 호칭입니다. 그러나 사람들은 예수님을 정치적인 메시아로 생각하고 환영하고 있었습니다. 그들의 외침에는 당장 로마의 압제 아래에 있는 이스라엘을 구원해 달라는 바람이 들어 있었습니다.

"예수는 한 어린 나귀를 보고 타시니 이는 기록된바 시온 딸아 두려워하지 말라 보라 너의 왕이 나귀 새끼를 타고 오신다 함과 같더라" 요 12:14-15

예수님께서는 겸손의 왕, 평화의 왕으로서 모든 사람을 죄와 사망에서 건져 주시고, 구원하시기 위해 이 세상에 오셨습니다. 그래서 예수님께서는 나귀를 타고 예루살렘에 입성하셨고, 이는 스가랴 선지자의 예언을 이루시기 위함이었습니다.

"시온의 딸아 크게 기뻐할지어다 예루살렘의 딸아 즐거이 부를지어다 보라 네 왕이 네게 임하시나니 그는 공의로우시며 구원을 베푸시며 겸손하여서 나귀를 타시나니 나귀의 작은 것 곧 나귀 새끼니라"(슥 9:9)

예수님은 온유하고 겸손하신 분입니다. 예수님께서는 마태복음

11장 29절에서 "나는 마음이 온유하고 겸손하니 나의 멍에를 메고 내게 배우라 그리하면 너희 마음이 쉼을 얻으리니"라고 말씀하셨습니다. 예수님을 본받아 마음이 온유하고 겸손한 사람만이 예수님처럼 다른 사람을 진심으로 섬길 수 있습니다. 진심으로 다른 사람을 섬길 줄 아는 사람이 예수님 안에서 '큰 자' 입니다.

A. W. 토저 목사님은 왜 우리가 겸손해야 하는지에 대해 이렇게 말했습니다.

"'큰 자' 가 되려고 애쓰는 순간 오히려 '더 작은 자' 가 되어 버리는 것이 하나님 나라의 불가사의한 법칙이다. 하나님께서는 하나님이 아닌 어떤 다른 존재가 하나님의 영광을 나누어 갖도록 허락하지 않으신다. 하나님은 사람들 앞에서 큰 자가 되려는 사람을 싫어하신다. 사람들 앞에서 큰 자로 보이는 사람은 하나님이 보시기에 큰일을 이루지 못한다. 언제나 하나님께서는 겸손한 사람을 기뻐하시고, 그의 친구가 되어 그를 도와주신다."

하나님께서는 우리가 스스로 낮추면 우리를 높여 주십니다. 하나님께서는 겸손한 사람을 가까이하시고 그에게 복을 내려 주십니다. 다른 사람들과의 관계에서도 마찬가지입니다. "너무 겸손해서 비난받는 사람은 없다."라는 말이 있습니다. 인간관계에서 어려움은 교만한 마음에서 시작됩니다. 나를 내세

하나님께서는 우리가 스스로 낮추면 우리를 높여 주십니다.

우고, 나를 자랑하고, 나를 주장하려는 마음이 있기 때문에 다른 사람과 다투고, 다른 사람에게 상처를 주고, 소리를 지르는 것입니다. 우리가 싸워서 이겨야 할 대상은 사람이 아니라, 내 속에 있는 교만함입니다. 겸손하기를 원한다면 성령 충만을 받으십시오. 성령으로 충만하면 성령께서 우리를 겸손하게 하십니다. 그리고 기도하고 말씀을 묵상하는 가운데 주님과 교제하면 주님의 성품을 닮아 겸손하게 됩니다.

예수님께서는 "인자가 온 것은 섬김을 받으려 함이 아니라 도리어 섬기려 하고 자기 목숨을 많은 사람의 대속물로 주려 함이니라"(막 10:45)고 말씀하셨습니다. 예수님처럼 섬기기 위해 살면 우리가 가는 곳마다 평강과 기쁨이 넘쳐납니다. 하나님을 섬기고, 이웃을 섬기기 위해 사시기 바랍니다.

베스트셀러 『울고 있는 사람과 함께 울 수 있어서 행복하다』의 저자로, 노숙자 및 장애인 사역 단체 '소중한 사람들'의 회장을 맡고 있는 유정옥 사모님의 이야기입니다. 사모님은 영혼 구원을 위해서는 어떤 일도 마다하지 않고, 또한 성도들과 어려운 사람들을 섬기는 일에 남다른 헌신을 보여 주고 있습니다. 예를 들면 교회 성도 한 분이 천국에 가셨을 때 고아가 된 남매들을 집에 데려와 키웠고, 신학을 포기하려던 가난한 신학생도 집에 데려와 신학교 교수로 길러냈으며, 생면부지의 암 환자를 2개월 동안 정성껏 돌보아 천국 길로 인도하기도 했습니다. 수억 원에 이르는 책의 인세도 전액 노숙자와 장애인을 섬기는 '소중한 사람들' 의 운영비로 사용하였습니다.

하루는 함께 장애인 봉사를 하는 한 할머니 집사님이 남편이 예수님을 믿지 않아 힘들어 한다는 이야기를 들었습니다. 남편 구원을 위해 5년 넘게 작정 기도를 했지만 자수성가한 남편은 고집이 세 아무런 반응이 없다는 것이었습니다.

사모님은 이 할아버지를 전도할 방법을 찾다가 한 달 동안 그 집의 가정부로 들어가 일하면서 복음을 전하기로 했습니다. 사모님은 매일 새벽 3시에 일어나 2시간씩 할아버지가 믿음을 가질 수 있도록 기도하며 하루를 시작했습니다. 마시는 물의 온도까지 재어 보는 할아버지의 까다로운 요구도 아무 불평 없이 들어주었습니다. 고된 일과로 밤마다 코피가 터졌지만, 할아버지의 구원을 위해서 성심성의껏 섬겼습니다.

그렇게 가정부 일을 한 지 두 주가 지난 어느 날 밤, 사모님은 할아버지의 어린 시절부터 현재까지의 일생에 관한 이상한 꿈을 꾸게 되었습니다. 아닌 게 아니라 그 다음날, 할아버지는 사모님에게 "왜 이 집에 들어와 가정부를 하느냐?"라고 물었고, 사모님은 "하나님께서 할아버지를 정말 사랑하셔서 구원하고 싶어 하시는데, 할아버지가 하나님에 대해 들으려 하지 않으셔서 저를 보내셨어요."라고 답했습니다. 이 말을 들은 할아버지는 버럭 화를 내며 "당장 나가라!"고 소리쳤습니다.

하지만 사모님은 지난 밤 꿈 이야기를 하면서 하나님께서 할아버지를 구원하고 싶어 하신다고 말했습니다. 그러자 할아버지는 눈시울을 붉히시더니 "그건 아무도 모르는 비밀인데, 정말 하나님이 계시는구나. 나 때문에 보름이나 식모살이를 하다니 고마워."라고 말하며 예수님을 믿게 되었습니다.

그런데 더 놀라운 일이 일어났습니다. 예수님을 믿고 은혜를 받게 된 그 할아버지가 목사님과 사모님을 위해 종로 5가에 100평 규모의 교회 건물과 70평 규모의 무료 탁아소 건물을 마련해 준 것이었습니다. 그것이 서울 하나로교회의 시작이 되었고, 할아버지와 할머니는 교회의 첫 성도가 되었습니다. 섬김을 통해 큰 은혜를 체험한 사모님은 더 낮은 자세로 매일 수백 명의 노숙인들을 위한 무료 급식 사역을 하며 이렇게 고백했습니다.

"저는 그날부터 더 많은 사람들을 시중드는 '영원한 식모살이'에 들어갔습니다. 이제 저는 사랑하는 가족을 잃고 마음 아파하는 이웃들과 모진 질병과 가난, 실패로 한 발자국도 걸을 수 없는 지친 영혼들에게 작은 희망과 빛, 따뜻한 불기가 되고자 가까이 다가갑니다."

2. 예루살렘 입성의 의미

"제자들은 처음에 이 일을 깨닫지 못하였다가 예수께서 영광을 얻으신 후에야 이것이 예수께 대하여 기록된 것임과 사람들이 예수께 이같이 한 것임이 생각났더라" 요 12:16

예수님께서는 사람들의 '호산나 찬송' 을 받으시면서 나귀를 타고 입성하셨습니다. 제자들은 이 사건의 의미를 깨닫지 못했습니다. 예수님께서 죽으시고 부활하신 후에야 그들은 예수님께서 왜 보잘것없는 나귀 새끼를 타고 입성하셨고, 사람들에게서 '호산나 찬송' 을 받으셨는지 알게 되었습니다. 예수님께서는 겸손의 왕으로 자기 목숨을 인류를 구속하기 위한 대속물로 내어 주시기 위해서 이 땅에 오신 것입니다.

"나사로를 무덤에서 불러내어 죽은 자 가운데서 살리실 때에 함께 있던 무리가 증언한지라 이에 무리가 예수를 맞음은 이 표적 행하심을 들었음이러라" 요 12:17-18

'호산나 찬송' 을 외치던 사람들도 예수님께서 이 땅에 오신 이유를 알지 못했습니다. 그들은 그동안 예수님께서 행하신 표적에 대해 듣고 예수님 앞에 나와 환호를 보내고 있었습니다. 그중에서 상당수는 죽었던 나사로를 살리신 기적을 목격한 이들이 예수님에 대해 하는 말을 듣고 나온 사람들이었습니다. 사람들은 예수님께서 행하신 놀라운 일들을 보고 예수님을 로마로부터의 정치적 해방을 가져다줄 메시아로 이해했습니다. 그들의 찬송과 환호는 예수님께서 이루실 구원에 대한 무지의 표현이었습니다. 물론 예수님께서는 모든 사람의 찬송을 받으시기에 합당하신 분이십니다. 그러나 예수님께서 행하시고 이루실 구원에 대해 진정으로 깨닫지 못한다면 어떠한 찬송과 환호도 인간적인 것이 되고 맙니다.

예수님께서 행하시고 이루실 구원에 대해 진정으로 깨닫지 못한다면 어떠한 찬송과 환호도 인간적인 것이 되고 맙니다.

그들의 이러한 무지와 어리석음은 며칠 후 그들이 예수님께 보인 모습에서 여실히 드러납니다. 그들은 예수님께서 예루살렘에 입성하신 이후에 큰 변화가 나타나지 않자 돌변해 버렸습니다. 그들은 예수님이 자신들이 원하는 정치적 메시아가 아니라는 것을 알게 되었고, 예수님께서 적대자들에게 무력하게 붙잡히시자 실망은 극에 달했습니다. 결국 그들은 적대자들에게 매수되어 예수님을 십자가에 못 박으라고 소리쳤습니다. 예수님을 모욕하고 조롱

했습니다.

예수님께서 누구신지 바르게 알지 못하고, 자신들의 인간적인 욕구에 따라 예수님을 바라보는 사람들은 결국 믿음을 저버리게 됩니다. 기적을 따라다니는 믿음은 언제든지 돌아설 수 있는 믿음입니다. 따라서 우리가 믿음을 잃지 않고 온전히 예수님을 따르려면 흔들리지 않는 구원의 확신을 가지고 항상 은혜 가운데 거해야 합니다. 우리가 은혜 안에 살면 우리의 마음이 주님의 사랑으로 감동이 되어 눈에 보이는 것이 아니라 믿음의 주요 온전하게 하시는 주님만 바라보고 승리할 수 있게 됩니다. 어떤 핍박과 환난이 다가와도 흔들리지 않고 굳건히 믿음의 길을 갈 수 있습니다.

우리가 믿음을 잃지 않고 온전히 예수님을 따르려면 흔들리지 않는 구원의 확신을 가지고 항상 은혜 가운데 거해야 합니다.

마귀는 우리로 하여금 은혜에서 멀어지게 만들려고 합니다. 예배에 소홀하게 만들고, 함께 신앙생활을 하는 사람들에게 서운한 마음이 들게 만들고, 작은 어려움에도 낙심하게 만듭니다. 그래서 하나님의 은혜를 잊고 원망, 불평하며 주님을 바라보지 못하게 합니다. 은혜 안에 사십시오. 눈에 보이는 것을 의지하지 마십시오. 믿음의 눈을 들어 주님만 바라보시기 바랍니다.

"바리새인들이 서로 말하되 볼지어다 너희 하는 일이 쓸 데 없다 보라 온 세상이 그를 따르는도다 하니라" 요 12:19

예수님께 '호산나 찬송' 을 부르며 환영하는 사람들을 본 바리새인들의 마음에 위기감이 찾아왔습니다. 그들은 예수님을 잡아 죽일 계획을 세우고 있었는데 수많은 사람들이 예수님을 따르는 것을 보니 그들의 계획이 수포로 돌아가게 되었다고 생각했습니다. 그래서 그들은 "이제 다 틀렸다!" 라는 자조 섞인 말을 서로 주고받았습니다.

3. 인자가 영광을 얻을 때

"명절에 예배하러 올라온 사람 중에 헬라인 몇이 있는데" 요 12:20

유월절 명절을 맞아 예루살렘에 예배하러 온 사람 중에는 몇 명의 헬라인이 있었습니다. 이것을 보면 당시 이방인 중에서도 하나님을 섬기는 사람들이 있었다는 것을 알 수 있습니다. 사도행전 8장에 등장하는 에디오피아 내시나, 사도행전 10장에 등장하는 백부장 고넬료도 이방인이었습니다.

"그들이 갈릴리 벳새다 사람 빌립에게 가서 청하여 이르되 선생이여 우리가 예수를 뵈옵고자 하나이다 하니" 요 12:21

헬라인들은 예수님의 소문을 듣고 예수님을 만나기 원했습니다. 그래서 예수님의 제자 중 빌립에게 가서 예수님을 만나게 해 달라고 부탁했습니다. 그들은 왜 빌립에게 청을 넣었을까요? 빌립은 예수님의 제자 중 유일하게 헬라 이름을 가지고 있었습니다. 그리고 본문에서 빌립이 갈릴리 벳새다 출신이라고 상세히 소개하고 있는데, 벳새다는 이방인이 많이 사는 데가볼리 같은 도시 부근이었기 때문에 헬라인들과 교류가 있었을 수도 있습니다.

"빌립이 안드레에게 가서 말하고 안드레와 빌립이 예수께 가서 여쭈니 예수께서 대답하여 이르시되 인자가 영광을 얻을 때가 왔도다" 요 12:22-23

빌립은 헬라인들의 부탁을 받고 먼저 안드레에게 가서 말했습니다. 안드레는 빌립과 함께 예수님께 가서 그 말을 전했습니다. 안드레와 빌립은 오병이어 기적의 현장에서 같이 등장한바 있습니다. 두 제자의 말을 들은 예수님께서는 동문서답식의 말씀을 하셨습니다. "그들을 데려오라."거나 "만나지 않겠다."가 아니라

"인자가 영광을 얻을 때가 왔다."라고 대답하신 것입니다. 그런데 여기서 중요한 것은 그동안 예수님께서 "내 때가 아직 이르지 않았다."라고 말씀하신 것과는 달리 "때가 됐다."라고 말씀하신 것입니다.

그렇다면 예수님께서 말씀하신 '인자가 영광을 얻을 때'란 무엇입니까? '영광을 얻을 때'는 '십자가를 지실 때'이고, 예수님께서 '영광을 얻는다'는 것은 '십자가에 들린다'는 의미입니다.

> "내가 진실로 진실로 너희에게 이르노니 한 알의 밀이 땅에 떨어져 죽지 아니하면 한 알 그대로 있고 죽으면 많은 열매를 맺느니라" 요 12:24

예수님께서는 인자가 영광을 받는다는 것이 구체적으로 무엇을 의미하는지에 대해 '한 알의 밀'을 예로 들어 설명해 주셨습니다. 예수님께서는 이 말씀을 시작하시면서 '진실로 진실로'라고 힘주어 말씀하셨습니다. 그만큼 이 말씀을 통해 제자들이 깨닫기 원하시는 것이 있었습니다.

예수님의 말씀처럼 한 알의 밀이 땅에 떨어져 죽으면 많은 열매를 맺지만, 죽지 않으면 한 알이 그대로 남아 아무런 열매를 맺지 못합니다. 예수님께서는 또 다른 열매를 얻기 위해서 죽음이라는 과정을 통과해야 하는 자연의 '열매 맺음' 의 법칙을 자신에게 적용시켜 말씀하신 것입니다. 그리고 대제사장 가야바가 의도치 않게 예언했던 바와 같이, 예수님께서는 십자가 죽음을 통해 많은 사람이 영생을 얻게 하셨습니다. 자신을 희생하지 않고 다른 사람의 생명을 구원할 수는 없습니다.

> **자신을 희생하지 않고 다른 사람의 생명을 구원할 수는 없습니다.**

> **"자기의 생명을 사랑하는 자는 잃어버릴 것이요 이 세상에서 자기의 생명을 미워하는 자는 영생하도록 보전하리라"** 요 12:25

예수님께서는 '자기의 생명을 사랑하는 자는 잃어버리게 되고, 자기의 생명을 미워하는 자는 영생하도록 보전하리라' 고 말씀하신 것입니다. 자기의 생명을 사랑하는 자는 땅 속에서 죽지 않는 한 알의 밀과 같습니다. 열매를 맺지 못합니다. 그러나 자기의 생명을 미워하는 자, 곧 땅에 떨어져 죽은 한 알의 밀과 같은 자는 많은 생명을 잉태하게 됩니다. 오순절 날 성령 충만을 받은 제자들이 자신의 생명을 아끼지 않는 담대한 복음 증거자가 되었을 때 복음이 예루살렘과 온 유대와 사마리아를 넘어 땅 끝까지 이르게 된 것이 이와 같은 원리를 잘 말해 줍니다.

기독교 신앙의 핵심은 예수 그리스도의 십자가에 있습니다. 십자기독교 신앙의 핵심은 예수 그리스도의 십자가에 있습니다.

가는 사랑이며, 희생입니다. 예수님의 십자가 희생을 통해 인류를 구원하고자 하시는 하나님의 사랑이 모든 믿는 자에게 미치게 된 것입니다. 그리고 십자가 희생에 감동된 사람들이 지금도 전 세계 곳곳을 누비며 그 사랑을 전하고 실천하며 살고 있습니다.

얼마 전에 연변과학기술대학과 평양과학기술대학의 총장이신 김진경 박사님을 만날 뵐 기회가 있었습니다. 개인적으로 박사님과 15년 만의 만남이었습니다. 박사님은 한국 사람이지만, 미국 시민권을 가지고 계시고, 북한 평양의 명예시민입니다. 북한을 제 집처럼 드나드시면서 우리 민족을 위해 일하고 계십니다.

세계 구세군 총 책임자이신 린다 본 대장님이 한국을 방문하셨을 때 여의도순복음교회에서 설교를 하셨습니다. 대장님은 그날 무엇보다도 '성령의 불'을 받아야 한다고 말씀하셨습니다. 우리가 작은 예수가 되어 예수님처럼 희생하고 섬기며 살려면 '성령의 불'을 받아 성령의 사람이 되어야 합니다.

"사람이 나를 섬기려면 나를 따르라 나 있는 곳에 나를 섬기는 자도 거기 있으리니 사람이 나를 섬기면 내 아버지께서 그를 귀히 여기시리라" 요 12:26

예수님께서는 "나를 섬기려면 나를 따르라"고 말씀하셨습니다. 예수님처럼 땅에 떨어져 죽어 많은 열매를 맺는 한 알의 밀이 되라는 말씀입니다. 많은 생명을 구원하기 위해 자기 목숨을 아끼지 말라는 말씀입니다. 이것이 바로 제자도입니다. 예수님의 참된 제자는 희생을 두려워하지 않습니다. 바울 사도는 사도행전 20장 24절에서 "내가 달려갈 길과 주 예수께 받은 사명 곧 하나님의 은혜의 복음을 증언하는 일을 마치려 함에는 나의 생명조차 조금도 귀한 것으로 여기지 아니하노라"고 고백했습니다.

> 예수님의 참된 제자는 희생을 두려워하지 않습니다.

오스왈드 샌더스 목사님은 제자 된 삶의 비결에 대해 이렇게 말했습니다.

"제자 된 삶의 비결은 예수 그리스도를 향한 헌신이다. 그리고 그 삶의 특징은 자신을 내세우지 않는 겸손이다. 이는 마치 땅에 떨어져 죽는 밀알과 같다. 하지만 이 밀알은 조만간에 다시 피어나 모든 풍경을 바꾸어 놓을 것이다."

예수님처럼 자기를 부인하며 자신에게 주어진 십자가를 지고 예수님을 따를 때 그 사람을 통해 가정, 직장, 교회, 그리고 사회가 변화될 것입니다. 하나님의 축복받은 자녀들로 가득 차게 될 것입니다.

중앙아프리카에서 사역했던 조지 아틀레이 선교사님의 이야기입니다. 어느 날 선교사님은 새로운 선교지를 개척하기 위해 한 산악 지역에 들어갔습니다. 그곳 부족은 포악하고 사납기로 유명해서 외부와의 교류가 거의 없었고, 선교사들도 접촉하기를 꺼려할 정도였습니다. 선교사님도 그 부족이 사는 곳에 들어가면서 만약의 사태를 대비해 권총을 허리춤에 감추고 있었는데, 아니나 다를까 선교사님이 부족이 모여 있는 광장으로 들어서자 수십 명의 무리가 창과 몽둥이를 들고 달려들었습니다. 이때 선교사님은 최대한 미소를 지으며 정중하게 "여보시오! 내 말을 들어보시오! 나는 여러분을 사랑합니다. 여러분에게 예수 그리스도라는 인류의 구세주를 소개하러 왔습니다. 그분은 여러분을 사랑하십니다."라고 말했습니다.

하지만 그들은 여지없이 선교사님을 창으로 찌르고 몽둥이로 두들겨 댔습니다. 결국 선교사님은 몰골을 알아볼 수 없는 처참한 모습으로 숨을 거두고 말았습니다. 그런데 선교사님이 죽은 후, 원주민들은 선교사님의 허리춤에서 총알이 열 발이나 장전되어 있는 총을 발견하였습니다. 이로써 그들은 선교사님이 무기가 없어 죽은 것이 아니라 자신들의 생명을 해치지 않기 위해 스스로 목숨을 버린 것임을 깨닫게 되었고 큰 감동을 받아 복음을 받아들였습니다. 땅에 떨어져 죽는 한 알의 밀처럼, 죽어 가면서도 총을 쏘지 않은 선교사님의 희생과 헌신을 통해 영혼 구원의 많은 열매들이 맺히게 된 것입니다. 참제자의 길은 희생하는 것입니다. 예수님을 위해서, 불쌍한 이웃을 위해서 희생하는 것입니다.

사랑하는 여러분, 우리의 창조주이시며 구원자이신 예수님께서 지극히 낮고 낮은 모습으로 우리를 섬겨 주셨습니다. 말구유에서 나셨고, 어린 나귀를 타고 예루살렘에 입성하셨으며, 거친 골고다 언덕 위의 십자가에서 우리를 위해 생명을 내어 주셨습니다. 예수님의 그 섬김, 그 희생으로 말미암아 우리가 하나님의 자녀가 되고 천국 백성이 되었습니다. 우리는 예수님의 섬김과 희생을 빚진 자들입니다. 이 세상을 향하여 예수님의 사랑을 실천할 때 세상 사람들이 우리가 예수님의 참제자인 것을 알게 되고, 그들의 발걸음을 주님께로 옮기게 될 것입니다.

묵상을 위한 질문

1. 예수님께서 예루살렘에 들어가실 때 사람들은 어떠한 반응을 보였습니까(요 12:12)?

2. 예수님께서 어린 나귀를 타고 예루살렘에 들어가실 것을 예언한 구약의 선지자는 누구이며, 어디에 기록되어 있습니까(요 12:13)?

3. 예수님께서 어린 나귀를 타고 예루살렘에 들어가신 것을 통해 우리는 예수님께서 어떤 분이심을 알 수 있습니까(요 12:14)?

4. 예수님께서 예루살렘에 입성하시는 과정이 갖는 의미에 대해 제자들은 언제 깨달을 수 있었습니까(요 12:16)?

5. '인자가 영광을 얻을 때' 란 어떤 때를 말합니까(요 12:23)?

6. 예수님께서는 자신의 생명을 포기하심으로써 온 인류를 구원하시려는 것을 어떤 비유로 말씀하셨습니까(요 12:24)?

7. 당신은 예수님의 구원과 희생을 본받는 삶을 살고 있습니까?

암송 성구

"내가 진실로 진실로 너희에게 이르노니 한 알의 밀이 땅에 떨어져 죽지 아니하면 한 알 그대로 있고 죽으면 많은 열매를 맺느니라" (요 12:24)

서로
사랑하라

요 12:27-36

"지금 내 마음이 괴로우니 무슨 말을 하리요 아버지여 나를 구원하여 이때를 면하게 하여 주옵소서 그러나 내가 이를 위하여 이때에 왔나이다 아버지여, 아버지의 이름을 영광스럽게 하옵소서 하시니 이에 하늘에서 소리가 나서 이르되 내가 이미 영광스럽게 하였고 또다시 영광스럽게 하리라 하시니 곁에 서서 들은 무리는 천둥이 울었다고도 하며 또 어떤 이들은 천사가 그에게 말하였다고도 하니 예수께서 대답하여 이르시되 이 소리가 난 것은 나를 위한 것이 아니요 너희를 위한 것이니라 이제 이 세상에 대한 심판이 이르렀으니 이 세상의 임금이 쫓겨나리라 내가 땅에서 들리면 모든 사람을 내게로 이끌겠노라 하시니 이렇게 말씀하심은 자기가 어떠한 죽음으로 죽을 것을 보이심이러라 이에 무리가 대답하되 우리는 율법에서 그리스도가 영원히 계신다 함을 들었거늘 너는 어찌하여 인자가 들려야 하리라 하느냐 이 인자는 누구냐 예수께서 이르시되 아직 잠시 동안 빛이 너희 중에 있으니 빛이 있을 동안에 다녀 어둠에 붙잡히지 않게 하라 어둠에 다니는 자는 그 가는 곳을 알지 못하느니라 너희에게 아직 빛이 있을 동안에 빛을 믿으라 그리하면 빛의 아들이 되리라 예수께서 이 말씀을 하시고 그들을 떠나가서 숨으시니라"

44

내가 땅에서 들리면

――― 유월절을 맞아 예루살렘에 입성하신 예수님께서는 제자들에게 구원의 진리에 대해서 더욱 집중적으로 가르치셨습니다. 십자가 고난이 바로 눈앞에 다가왔기 때문입니다. 예수님께서는 한 알의 밀이 땅에 떨어져 죽어야만 많은 열매를 맺을 수 있다는 말씀을 하셨습니다. 이는 모든 인류에게 영원한 생명을 주시기 위해 예수님께서 죽으셔야 하는 구원의 진리를 집약적으로 표현하신 것입니다. 이러한 진리는 바울 사도가 말한 '전도의 미련한 것'으로 인류를 구원하고자 하시는 하나님의 뜻과 섭리입니다(고전 1:21). 또한 우리가 이 세상에서 실천해야 하는 제자도입니다.

1. 예수님의 죽음의 의미

"지금 내 마음이 괴로우니 무슨 말을 하리요 아버지여 나를 구원하여 이때를 면하게 하여 주옵소서 그러나 내가 이를 위하여 이때에 왔나이다" 요 12:27

예수님께서는 이제 하나님께서 예정하신 그때가 이르렀음을 아셨습니다. 이 '때'는 영광의 때인 동시에 고통의 때였습니다. 왜냐하면 예수님께서 온 인류의 죄를 대신 짊어지시고 십자가에 달려 돌아가셔야 했기 때문입니다.

예수님께서는 자신이 어떠한 죽음을 당하셔야 하는지 잘 아셨습니다. 그래서 "내 마음이 괴롭다."라고 말씀하신 것입니다. 예수님께서는 완전한 하나님이신 동시에 완전한 인간이셨기 때문에 육신이 겪는 고통을 피하실 수 없었습니다.

예수님께서 십자가에서 겪으셔야 할 고통은 말로 다 할 수 없는 고통이었기 때문에 "아버지여 나를 구원하여 이때를 면하게 하여 주옵소서"라고 기도하실 수밖에 없었습니다. 그러나 예수님께서는 우리를 구원하시기 위해 그 고난의 길을 묵묵히 걸어가셨습니다.

"아버지여, 아버지의 이름을 영광스럽게 하옵소서 하시니 이에 하늘에서 소리가 나서 이르되 내가 이미 영광스럽게 하였고 또다시 영광스럽게 하리라 하시니" 요 12:28

예수님께서는 "내가 이 일을 행하기 위해서 이때에 왔으니 하나님의 이름을 영광스럽게 하옵소서"라는 말로 기도를 마치셨습니다.

누가복음 22장 41절과 42절에 기록된 겟세마네 동산에서의 예수님의 기도도 같은 내용이었습니다.

"그들을 떠나 돌 던질 만큼 가서 무릎을 꿇고 기도하여 이르시되 아버지여 만일 아버지의 뜻이거든 이 잔을 내게서 옮기시옵소서 그러나 내 원대로 마시옵고 아버지의 원대로 되기를 원하나이다 하시니"

예수님의 기도가 끝난 후에 하늘에서는 "내가 이미 영광스럽게 하였고 또다시 영광스럽게 하리라"는 음성이 들려왔습니다.

"곁에 서서 들은 무리는 천둥이 울었다고도 하며 또 어떤 이들은 천사가 그에게 말하였다고도 하니" 요 12:29

예수님과 함께 있던 사람들도 하늘로부터 나는 음성을 들었지만 그 음성이 정확히 무엇인지를 알지 못했습니다. 천둥이 쳤다고 하는 사람들도 있었고, 천사가 말했다고 하는 사람들도 있었습니다.

"예수께서 대답하여 이르시되 이 소리가 난 것은 나를 위한 것이 아니요 너희를 위한 것이니라" 요 12:30

예수님께서는 그들의 당황하는 모습을 보시고 그러한 음성이 들린 이유에 대해 말씀하셨습니다. 그 음성은 예수님을 위함이 아니라 그곳에 모인 사람들을 위함이라는 것입니다. 예수님께서는 그 음성을 통해 그곳에 모인 사람들이 예수님께서 겪게 되실 일들과 그 일들을 통해 하나님께서 어떻게 영광을 받게 되시는지를 깨닫기 원하셨습니다. 즉, 그들이 예수님께서 이루실 하나님의 구원에 대해 알기를 원하셨습니다.

"이제 이 세상에 대한 심판이 이르렀으니 이 세상의 임금이 쫓겨나리라 내가 땅에서 들리면 모든 사람을 내게로 이끌겠노라 하시니" 요 12:31-32

예수님께서는 앞서 말씀하신 '이때'의 또 다른 의미에 대해 설명해 주셨습니다. '예수님께서 영광을 받으시는 것', 곧 '예수님께서 십자가에 달려 죽으시는 것' 은 옛 시대는 가고 새 시대가 열리는 것을 의미합니다. 이것은 이 세상에 대한 심판으로서, 이 세상의 임금인 사탄이 쫓겨나고 그 지배 아래에 있던 모든 사람이 메시아이신 예수님께로 나아오게 되는 것을 말합니다. 도둑질과 죽음과 멸망으로 통치하던 사탄이 패배하고 예수님의 십자가를 통해 모든 사람이 생명을 얻되 풍성히 얻는 길이 열리게 된 것입니다. 그러므로 우리가 죄에 물들고, 죽음을 두려워하며, 이 세상의 환난에 고통당하며 살았다 할지라도 예수님께 나아가기만 하면 위대한 승리를 맛볼 수 있게 됩니다. 의와 영생, 축복이 우리 삶에 가득하게 됩니다. 예수님께서는 우리에게 이러한 은혜와 축복을 주시기 위해서 어떠한 죽음을 당하셔야 할지를 알고 계셨습니다. 그럼에도 불구하고 하나님의 뜻을 이루어 드리고, 죄로 인해 죽어가는 우리를 구원하시기 위해서 묵묵히 그 고난을 감당하셨습니다.

> '예수님께서 십자가에 달려 죽으시는 것' 은 옛 시대는 가고 새 시대가 열리는 것을 의미합니다.

당시 처형법은 유대식과 로마식의 두 가지가 있었습니다. 유대식은 구약의 율법에 따라 돌을 던지는 것이었는데, 스데반이 그와 같은 방법으로 순교를 당했습니다(행 7:59-60). 로마식은 십자가형이었는데, 도망치다가 잡혀 온 노예와 반역자가 그 대상이었습니다.

십자가형은 당시 가장 잔혹한 처형법이었습니다. 죄수로 하여금 죽음에 이르는 육신의 고통을 가장 길게 느끼도록 만드는 것이었기 때문입니다.

"이렇게 말씀하심은 자기가 어떠한 죽음으로 죽을 것을 보이심이러라" 요 12:33

예수님께서는 양손과 발에 못이 박힌 채 십자가에 달려 6시간 동안 고통을 당하셨습니다. 머리에는 가시관을 쓰셨고, 옆구리는 로마 군사의 손에 들린 창에 찔리셨습니다. 예수님께서는 골고다 언덕에서 물과 피를 다 쏟으셨습니다.

우리가 우리를 위해 예수님께서 당하신 그 고난을 기억한다면 어떤 삶을 살아야 할지가 분명해집니다. 우리 삶에 원망, 불평, 시기, 질투, 탐욕이 자리 잡을 수 없습니다. 분노와 다툼이 있을 수 없습니다. 예수님처럼 사랑하고 용납하고 희생하는 삶을 살아가야 합니다.

주후 4세기에 예수님의 신성을 부인한 아리우스의 사상이 뿌리를 내리지 못하도록 앞장서서 싸웠던 아타나시우스의 이야기입니다. 어느 날 아타나시우스가 십자가를 묵상하던 중 깜박 잠이 들어 꿈을 꾸었는데, 누군가가 예수님께서 달리신 십자가에 사다리를 놓고 올라가고 있었습니다. 그는 '주님을 십자가에서 내려오시도록 하려는 모양이다.' 라고 생각했습니다. 그런데 그 순간, 그 사람이 망치를 들고서 이미 못이 박힌 예수님의 손과 발에 다시 못을 박는 것이었습니다. "쾅! 쾅! 쾅!" 망치질을 할 때마다 주님은 고통에 몸서리를 치셨습니다. 아타나시우스는 "도대체 어떤 놈이 또다시 우리 주님을 십자가에 못 박는 것이냐!"라고 소리치며 사다리를 타고 올라가 그 사람의 머리채를 확 잡아 돌렸습니다. 그런데 그 사람의 얼굴을 확인한 아타나시우스는 깜짝 놀라 잠에서 깨어나고 말았습니다. 그 사람은 다름 아닌 아타나시우스 자신이었기 때문입니다. 아타나시우스는 통곡하며 외쳤습니다.

"주님! 나를 긍휼히 여기소서! 나의 죄악으로 인해 주님을 다시 십자가에 못 박았나이다!"

우리가 예수님을 믿고 섬긴다고 하면서 죄에 빠져 예수님을 십자가에 다시 못 박을 때가 얼마나 많은지 모릅니다. 입술로는 예수님을 사랑한다고 고백하면서 삶의 모습은 예수님을 믿지 않는 사람들과 다를 바 없을 때가 많습니다. 우리가 죄에 넘어지고 세상의 유혹에 빠질 때 우리는 예수님을 다시 십자가에 못 박고 있는 것입니다. 예수님께서는 우리가 서로 사랑하고 이웃을 섬기면 우리가 예수님

우리가 죄에 넘어지고 세상의 유혹에 빠질 때 우리는 예수님을 다시 십자가에 못 박고 있는 것입니다.

의 제자인 것을 세상 사람들이 알게 된다고 말씀하셨습니다. 그러나 우리가 서로 미워하고 다투며 세상에서 가난하고 병들고 소외된 자를 업신여길 때 우리는 예수님의 옆구리에 창을 찌르고 있는 것입니다. 양발과 양손뿐만 아니라 가슴에 못을 박고 있는 것입니다. 예수님께서 지신 십자가를 지고, 예수님처럼 사랑으로 섬기며 희생하는 그리스도인이 되시기를 바랍니다.

2. 빛의 자녀가 되는 길

"이에 무리가 대답하되 우리는 율법에서 그리스도가 영원히 계신다 함을 들었거늘 너는 어찌하여 인자가 들려야 하리라 하느냐 이 인자는 누구냐" 요 12:34

"인자가 들려야 한다."라는 예수님의 말씀을 들은 무리들은 매우 의아해 하는 모습을 보였습니다. 그들이 구약 성경을 통해 믿고 바라던 메시아는 영원히 그의 백성과 함께 이 세상에 계시는 분이었습니다. 물론 그들의 그러한 믿음이 전적으로 잘못된 것은 아니었습니다. 이사야 9장 7절을 보면 "그 정사와 평강의 더함이 무궁하며 또 다윗의 왕좌와 그의 나라에 군림하여 그 나라를 굳게 세우고 지금 이후로 영원히 정의와 공의로 그것을 보존하실 것이라 만군의 야훼의 열심이 이를 이루시리라"고 기록되어 있습니다. 그러나 인류를 구원하실 메시아 예수님께서는 인류의 죄를 대신해 십자가에서 죽으시고 부활하셔야 했습니다. 그리고 부활하신 예수님께서는 승천하신 후, 영광 중에 심판주로 다시 오셔서 온 세상을 심판하시고 영원히 통치하실 것입니다. 그들은 이러한 구원의 진리를 깨닫지 못하고, 제한적인 지식에 갇혀 있었습니다. 그래서 결국 그들은 예수님께 "이 인자는 누구입니까?"라고 되묻기에 이르렀습니다.

"예수께서 이르시되 아직 잠시 동안 빛이 너희 중에 있으니 빛이 있을 동안에 다녀 어둠에 붙잡히지 않게 하라 어둠에 다니는 자는 그 가는 곳을 알지 못하느니라 너희에게 아직 빛이 있을 동안에 빛을 믿으라 그리하면 빛의 아들이 되리라 예수께서 이 말씀을 하시고 그들을 떠나가서 숨으시니라" 요 12:35-36

예수님께서는 무리로 하여금 구원의 진리와 메시아의 사역에 대해 깨달을 수 있는 길을 제시해 주셨습니다. 그것은 바로 빛 가운데 거하고 빛을 믿으라는 것이었습니다. 여기서 빛은 당연히 예수님이십니다. 빛으로 오신 예수님께서 고난을 받으시고 승천하시기 전까지 그들은 예수님과 동행하면서 어두움에 붙잡히지 않도록 해야 했습니다. 만약 어두움, 즉 예수님을 부인하고 영접하지 않는 사람들과 어울리게 된다면 그들은 진리를 모른 채 방황하는 인생이 될 수밖에 없었습니다. 이것은 그때나 지금이나 다르지 않습니다. 우리는 빛으로 오신 예수님을 영접하고 예수님의 가르침을 따를 때 빛 가운데 살아갈 수가 있습니다. 빛을 믿고 빛을 따라 사는 사람만이 빛의 아들이 됩니다.

> 우리는 빛으로 오신 예수님을 영접하고 예수님의 가르침을 따를 때 빛 가운데 살아갈 수가 있습니다.

미국 역사상 정전으로 인해 가장 큰 피해를 낸 사고로 1977년 7월 13일 밤 뉴욕에서 발생한 사고를 꼽습니다. 당시 뉴욕 시에 전기를 공급하는 콘 에디슨 발전소에 벼락이 떨어지면서 25시간 동안 퀸스 지역 일부를 제외한 뉴욕 시 전역에 전기가 들어오지 않았습니다. 그런데 전기가 들어오지 않는 데에 따른 직접적인 피해보다 더 큰 피해를 불러온 다른 원인이 있었습니다. 많은 사람들이 정전으로 인한 암흑을 틈타 밤새 자동차 전시장, 전자 제품 가게 등 뉴욕 시내 상점 1,700곳을 약탈한 것이었습니다. 그날 밤에는 평소보다 6배나 많은 방화가 벌어졌고, 1,700건의 가짜 응급전화가 걸려오기도 했습니다.

10대 소년부터 60대 노인에 이르기까지 남녀노소를 가리지 않고 모두 거리로 쏟아져 나와 가게를 약탈하는 데 동참했습니다. 거리는 무법천지였고 사람들은 공포에 떨어야 했습니다. 경찰에 체포된 인원은 3000명을 넘었으며, 재산 피해는 1억 5000만 달러를 기록했습니다. 경찰은 이 밤이 '테러의 밤' 이었다고 몸서리쳤고, 에이브러햄 빔 당시 뉴욕 시장은 이날을 '공포의 밤' 이라고 지칭했습니다.

빛 되신 예수님 안에 살며 우리를 빛 가운데 살게 하는 예수님의 말씀을 따라 사십시오. 우리가 빛 가운데, 빛을 따라 살지 않으면 어두운 세상에 갇히고 맙니다. 빛에 속한 삶과 어두움에 속한 삶 사이의 회색지대는 없습니다.

빛에 속한 삶과 어두움에 속한 삶 사이의 회색지대는 없습니다.

찬송가 '내 영혼에 햇빛 비치니' 의 작사가 엘라이자 휴윗의 이야기입니다. 그녀는 미국 필라델피아의 한 고등학교 교사였습니다. 그녀는 사랑이 많고, 가르침을 잘 따르지 않는 학생들도 넉넉한 마음으로 품어 주는 훌륭한 교사였습니다. 그런데 하루는 여느 때처럼 반항심이 강한 아이들을 조용히 훈계하고 있었는데 그중에 한 학생이 화를 내며 벌떡 일어나 널빤지로 그녀를 마구 때리는 어이없는 일이 일어났습니다. 안타깝게도 그녀는 척추를 크게 다쳐 상반신에 깁스를 한 채 침대에서 6개월을 보내야 했고, 그동안 대소변을 해결하기 위해 다른 사람의 손을 의지해야 했습니다.

6개월 후 약간의 회복은 있었지만, 더 이상 교사 생활도 할 수 없었고 평생 장애를 안고 살아가야 했습니다. 형편이 이렇게 되자 신실한 그리스도인이었던 그녀도 "하나님, 왜 제게 이런 고난을 주시나요?" 하는 원망스러운 마음이 들었습니다. 그녀는 사람들과 마주치는 것이 싫어 병원 밖을 나서지도 않게 되었습니다. 교회에서는 주일학교 학생들을 열심히 가르쳤고, 학교에서는 학생들에게 좋은 선생님이었던 그녀로서는 하나님의 뜻을 이해하기 힘들었습니다.

사고 후 일 년이 지난 어느 날, 그녀는 의사의 허락을 받고 산책을 나갔습니다. 그녀는 목발을 의지해 걷다가 햇볕과 함께 쏟아지는 하나님의 사랑이 자신의 영혼을 감싸는 것을 느꼈습니다. 그러자 원망과 미움으로 얼어붙어 있던 마음이 그 자리에서 녹아내렸습니다. 그녀의 마음은 하나님의 변함없는 사랑으로 가득 찼고, 이로써 그녀는 자신에게 장애를 가져다준 학생을 용서할 수 있게 되었습니다. 그리고 이때의 감동을 시로 표현했는데 그 시가 찬송가 428장 '내 영혼에 햇빛 비치니'의 가사가 되었습니다. 이 찬송가의 영어 가사는 다음과 같습니다.

"There is sunshine in my soul today

(오늘 내 영혼에 햇빛 비치니)

More glorious and bright

(더욱 영광스럽고 밝은 빛이라네)

Than glows in any earthly sky

(이 세상 하늘의 어떤 빛보다)

For Jesus is my Light"

(예수님께서 나의 빛이시기 때문이라네)

예수님은 우리 영혼과 삶의 빛이십니다. 영생과 진리로 인도하시는 유일한 참 빛이십니다. 우리가 이 세상의 어두움을 이기고 빛 가운데 거하며 아름다운 삶의 흔적을 남길 수 있는 유일한 길은 오직 예수님 안에 거하고 예수님의 말씀을 따라 사는 것입니다. 그러므로 더욱 예수님을 알기를 힘쓰고, 성령 충만을 통해 예수님과 동행하기를 날마다 사모할 수 있기를 바랍니다. 예수님을 아는 것이 우리 삶과 신앙의 힘이며, 모든 문제와 어려움을 이기고 승리하는 비결입니다.

> 예수님을 아는 것이 우리 삶과 신앙의 힘이며, 모든 문제와 어려움을 이기고 승리하는 비결입니다.

본문 36절은 예수님께서 예수님의 메시아 되심과 예수님께서 행하실 사역에 대한 참의미를 깨닫지 못한 사람들을 떠나 숨으셨다고 말씀합니다. 이것은 예수님께서 십자가 고난을 앞두시고 영적으로 무지한 무리들을 향한 공적인 사역을 마감하셨음을 뜻합니다. 동시에 예수님께서는 영안이 닫힌 사람들과 동행하실 수 없으셨다는 것도 보여 줍니다. 이것은 예수님께서 그들을 버리셨다는 것을 의미하는 것이 아닙니다. 우리는 예수님의 십자가 고난 앞에서 그들이 보여 준 모습을 통해 누가 누구를 버렸는지 잘 알 수 있습니다.

사랑하는 여러분, 예수님의 고난에 동참하고 있습니까? 예수님을 믿는다는 이유로 세상에서 받는 불이익을 두려워하고 있다면 우리를 위해 십자가에 달리신 예수님을 외면하고 있는 것입니다. 예수님의 빛 가운데 거하고 있습니까? 여러분의 마음에 기쁨과 평안이 있고, 감사와 찬송이 입술에서 끊이지 않고 있다면 여러분은 예수님의 빛 가운데 거하고 있는 것입니다. 그러나 원망과 불평, 시기와 질투, 부정적이고 폭력적인 말과 행동이 여러분 삶에 나타나고 있다면 그 사람은 지금 세상의 어두움에 갇혀 있는 것입니다. 예수님의 빛 가운데로 나아오십시오. 예수님의 빛 가운데에서 걸어가십시오. 우리가 기도와 말씀으로 예수님과 교제하며, 우리의 마음이 예수님으로 가득 찰 때 우리는 빛 되신 예수님과 동행할 수 있습니다. 빛의 열매를 맺으며 하나님께 영광을 올려 드리는 삶을 살 수 있습니다.

묵상을 위한 질문

1. 예수님께서는 십자가 고난이 다가온 것을 아시고 하나님께 어떻게 기도하셨습니까(요 12:27-28)?

2. 예수님의 기도를 들으신 하나님께서는 어떻게 말씀하셨으며, 그 말씀은 누구를 위함이었습니까(요 12:28, 30)?

3. 예수님께서 말씀하신 '이때'는 무엇을 의미합니까(요 12:27-33)?

4. 예수님께서 "인자가 들려야 한다.", 즉 십자가에서 죽고, 부활해야 한다는 예수님의 말씀에 대해 무리들은 어떠한 반응을 보였습니까(요 12:34)?

5. 예수님께서는 그러한 무리들에게 어떻게 말씀하셨습니까(요 12:35-36)?

6. 당신은 빛 가운데 살고 있습니까? 혹시 어두움에 속한 마음과 행동을 가지고 있지는 않은지 살펴봅시다.

암송 성구

"너희에게 아직 빛이 있을 동안에 빛을 믿으라 그리하면 빛의 아들이 되리라" (요 12:36)

요 12:37-50

"이렇게 많은 표적을 그들 앞에서 행하셨으나 그를 믿지 아니하니 이는 선지자 이사야의 말씀을 이루려 하심이라 이르되 주여 우리에게서 들은 바를 누가 믿었으며 주의 팔이 누구에게 나타났나이까 하였더라 그들이 능히 믿지 못한 것은 이 때문이니 곧 이사야가 다시 일렀으되 그들의 눈을 멀게 하시고 그들의 마음을 완고하게 하셨으니 이는 그들로 하여금 눈으로 보고 마음으로 깨닫고 돌이켜 내게 고침을 받지 못하게 하려 함이라 하였음이더라 이사야가 이렇게 말한 것은 주의 영광을 보고 주를 가리켜 말한 것이라 그러나 관리 중에도 그를 믿는 자가 많되 바리새인들 때문에 드러나게 말하지 못하니 이는 출교를 당할까 두려워함이라 그들은 사람의 영광을 하나님의 영광보다 더 사랑하였더라 예수께서 외쳐 이르시되 나를 믿는 자는 나를 믿는 것이 아니요 나를 보내신 이를 믿는 것이며 나를 보는 자는 나를 보내신 이를 보는 것이니라 나는 빛으로 세상에 왔나니 무릇 나를 믿는 자로 어둠에 거하지 않게 하려 함이로라 사람이 내 말을 듣고 지키지 아니할지라도 내가 그를 심판하지 아니하노라 내가 온 것은 세상을 심판하려 함이 아니요 세상을 구원하려 함이로라 나를 저버리고 내 말을 받지 아니하는 자를 심판할 이가 있으니 곧 내가 한 그 말이 마지막 날에 그를 심판하리라 내가 내 자의로 말한 것이 아니요 나를 보내신 아버지께서 내가 말할 것과 이를 것을 친히 명령하여 주셨으니 나는 그의 명령이 영생인 줄 아노라 그러므로 내가 이르는 것은 내 아버지께서 내게 말씀하신 그대로니라 하시니라"

45

구원과 심판

——— 십자가 고난이 눈앞으로 다가온 것을 아신 예수님께서는 구원의 진리를 더욱 집중적으로 제자들에게 가르치셨습니다. 그리고 한편으로 예수님께서 당하실 고난에 대해 괴로운 마음을 표현하기도 하셨습니다. 그런데 예수님의 마음을 더욱 아프게 했던 것은 무리들의 영적인 무지였습니다. 그들은 자신들이 고수하던 그릇된 메시아 신앙에 얽매여 예수님께서 이루실 구원과 그 구원의 진리를 받아들이지 못했습니다. 자신들의 온전하지 못한 신앙을 잣대로 하여 믿음의 주요 온전하게 하시는 예수님을 재단하려 했던 것입니다. 예수님께서 그들에게 남기신 말씀은 '빛이 있을 동안에 빛을 믿고 빛의 아들이 되라' 는 것이었습니다.

1. 불신앙의 이유

"이렇게 많은 표적을 그들 앞에서 행하셨으나 그를 믿지 아니하니" 요 12:37

예수님의 대중 사역이 마무리되는 시점에 예수님과 예수님의 사역에 대한 무리들의 반응은 '믿지 않음' 이었습니다. 예수님께서는 많은 표적을 그들 앞에서 행하셨지만 그들의 뿌리 깊은 불신앙은 쉽게 바뀌지 않았습니다. 요한복음에 기록된 예수님께서 행하신 표적은 무엇입니까? 가나의 혼인 잔치에서 물을 포도주로 바꾸신 것, 왕의 신하의 아들을 고쳐 주신 것, 베데스다 연못가에서 38년 된 병자를 고쳐 주신 것, 물고기 두 마리와 떡 다섯 덩어리로 남자만 오천 명을 먹여 주신 것, 바다 위를 걸으신 것, 실로암에서 맹인의 눈을 뜨게 하신 것, 죽은 나사로를 살려 주신 것과 같은 일곱 가지 기적입니다. 물론 기록되지 않은 표적이 훨씬 더 많을 것입니다(요 20:30-31). 이러한 기적들은 하나같이 예수님이 하나님께서 보내신 메시아이시며, 하나님의 아들이심을 증거하고 있었지만 그들은 예수님을 믿고 영접하기는커녕 대적했습니다.

"이는 선지자 이사야의 말씀을 이루려 하심이라 이르되 주여 우리에게서 들은 바를 누가 믿었으며 주의 팔이 누구에게 나타났나이까 하였더라" 요 12:38

유대인들의 이러한 불신앙은 구약 시대의 선지자 이사야를 통해 이미 예언된 일이었습니다. 38절은 이사야 53장 1절에 예언된 말씀이고, 40절은 이사야 6장 10절에 예언된 말씀입니다. 이사야 53장은 '메시아 장'으로 우리에게 매우 잘 알려진 말씀입니다. 그중에서도 이사야서 53장 5절은 예수님께서 고난 받는 종으로 예언된 구절입니다.

"그가 찔림은 우리의 허물 때문이요 그가 상함은 우리의 죄악 때문이라 그가 징계를 받으므로 우리는 평화를 누리고 그가 채찍에 맞으므로 우리는 나음을 받았도다"

"그들이 능히 믿지 못한 것은 이 때문이니 곧 이사야가 다시 일렀으되 그들의 눈을 멀게 하시고 그들의 마음을 완고하게 하셨으니 이는 그들로 하여금 눈으로 보고 마음으로 깨닫고 돌이켜 내게 고침을 받지 못하게 하려 함이라 하였음이더라 이사야가 이렇게 말한 것은 주의 영광을 보고 주를 가리켜 말한 것이라" 요 12:39-41

40절에 인용된 예언이 기록된 이사야 6장은 이사야가 하나님의 선지자로 부르심을 받은 '이사야의 소명 장' 입니다. 야훼 하나님께서 "내가 누구를 보내며 누가 우리를 위하여 갈까?"라고 말씀하시자 이사야가 즉시 "내가 여기 있나이다 나를 보내소서"라고 대답했습니다. 이사야의 이러한 응답이 있은 후, 하나님께서 말씀하신 구절이 이사야서 6장 10절입니다.

"이 백성의 마음을 둔하게 하며 그들의 귀가 막히고 그들의 눈이 감기게 하라 염려하건대 그들이 눈으로 보고 귀로 듣고 마음으로 깨닫고 다시 돌아와 고침을 받을까 하노라 하시기로"

이 말씀은 이사야를 통해 이스라엘에게 회개를 촉구하시는 하나님의 말씀이 선포되어도 백성들이 귀담아 듣지 않다가 결국 하나님의 말씀을 들을 수 있는 능력마저 완전히 상실한 상태를 보여 주고 있습니다. 하나님의 말씀을 듣고 스스로 회개할 기회를 저버린 무지한 인간들의 모습을 말씀하고 있는 것입니다. 그리고 이 말씀은 구원의 복음을 듣고도 메시아이신 예수님께 나아오지 않는 사람들에 대한 예언이었습니다. 예수님께서 진리의 말씀을 가르쳐 주시고 놀라운 표적을 나타내 주셔도 예수님을 믿고 따르는 자가 극히 적을 것임이 이사야 선지자를 통해 700년 전에 예언되었고,

그 예언이 이루어진 것입니다.

그런데 이 말씀을 근거로 '하나님께서 이사야 선지자의 선포나 예수님의 복음을 사람들로 하여금 듣지 못하도록 하신 것은 아닌가?' 하는 오해를 하는 사람들이 있습니다. 그러나 이 말씀은 하나님께서 그들로 하여금 믿지 못하게 하신 것이 아니라, 그들이 회개의 메시지를 거부하고 복음에 귀를 기울이지 않을 것을 미리 아시고 그들의 불신앙을 잠시잠깐 허용하셨다는 의미입니다.

이러한 하나님의 섭리는 이 세상에 존재하는 악한 자들에게도 동일하게 적용됩니다. 사람들은 종종 '하나님께서 세상에서 악을 행하는 자들을 왜 바로 심판하시지 않는가!' 하는 의문을 갖습니다. 그런데 하나님께서 그들을 바로 심판하시지 않는 이유는 그들이 하는 일을 모르시거나, 악으로 생각하지 않으시기 때문이 아닙니다. 하나님의 뜻을 이루시기 위해 잠시잠깐 허용하시는 것입니다. 하나님의 승리와 심판의 위엄을 나타내시고, 때때로 믿는 자들의 영적인 각성과 발전을 위해 그들을 사용하시는 것입니다. 그래서 시편 37편 7절은 "야훼 앞에 잠잠하고 참고 기다리라 자기 길이 형통하며 악한 꾀를 이루는 자 때문에 불평하지 말지어다"라고 말씀했습니다.

이사야는 이스라엘 백성이 회개치 않을 것을 예언하였고, 그것은 예수님과 예수님의 사역에 대한 예언이기도 했습니다(막 4:10-12).

그러나 이사야는 주의 영광, 곧 메시아로 오실 예수님의 영광을 보았습니다. 이사야가 예언한 대로, 예수 그리스도의 복음에 귀를 닫고 예수님을 영접하지 않는 사람들이 있을지라도 신실하신 하나님께서는 예수님을 통해 모든 인류의 구원을 이루셨습니다. 그들은 예수님을 십자가에 못 박아 죽게 만들었지만 예수님께서는 부활하셔서 하나님의 영광을 드러내셨습니다. 그리고 승천하신 후 하나님 보좌 우편에 앉아 계신 예수님께서는 영광 중에 다시 오실 것입니다.

"그러나 관리 중에도 그를 믿는 자가 많되 바리새인들 때문에 드러나게 말하지 못하니 이는 출교를 당할까 두려워함이라" 요 12:42

예수님에 대한 이스라엘의 반응은 불신앙이었지만, 관리 중에서 예수님을 믿는 사람이 적지 않게 있었습니다. 여기서 '관리'는 유대 사회의 최고위층을 지칭합니다. 당시 지도층 사람들 가운데 예수님을 믿는 사람들이 많았습니다. 그런데 그들의 믿음은 불완전한 것이었습니다. 그들은 드러내놓고 예수님을 믿는다고 말하지 못했습니다. 왜냐하면 종교적으로 가장 영향력이 컸던 바리새인들을 의식했기 때문입니다. 바리새인들은 예수님을 믿는 사람들을 지위고하를 막론하고 모두 출교시켜 버렸습니다. '출교'란 '회당에서 쫓아내다' 라는 의미를 가진 단어로서 유대 사회에서 완전히 쫓아내는 것을 말합니다. 출교 당한 사람은 그가 가진 지위, 명예, 재산을 다 잃게 될 뿐만 아니라 다시는 유대 사회에 발을 들여놓을 수 없었습니다. 예수님을 믿게 된 '관리' 들은 자신들이 누리던 것들을 잃는 것이 두려워 자신들의 믿음을 공개하지 못했습니다.

우리 가운데에는 그들의 이러한 연약함을 보면서 '겁쟁이' 라고 말하는 사람도 있을 수 있습니다. 그러나 우리의 믿음을 진실한 마음으로 살펴보면 우리도 그들과 같이 행동하고 있을 때가 많은 것이 사실입니다. 예수님을 믿지 않는 친구나 이웃, 동료들과 서먹해지는 것이 싫어서 신앙을 적극적으로 표현하지 못합니다. 주일에 나와서 특별 근무를 하라는 상사의 요구를 받았을 때 상사에게 야단을 맞거나 나중에 승진 심사에서 불이익을 당할지도 모른다는 생각에 예배드리는 것을 쉽게 포기합니다. 하나님께서 원하시는 것이 아님을 알면서도 적당히 타협하며 살고, 적당히 거짓말하며 살고, 적당히 죄 짓고 살아가는 경우가 많습니다.

제가 한번은 제법 고급스러운 레스토랑에 간 적이 있습니다. 그때 제 자리에서 멀지 않은 테이블에 있던 어느 중년 부인이 골치가 아픈지 잠시 머리를 움켜쥐었다가 식사를 시작했습니다. 그런데 그 장면을 가만히 보니 머리가 아팠던 것이 아니라, 고급 레스토랑에서 식사 기도를 하는 것이 쑥스러웠던지 남들에게는 머리가 아파서 그러는 것처럼 보이도록 머리를 움켜쥐었던 것이었습니다. 기도를 하자니 분위기나 남들의 이목이 부담스럽고, 안 하자니 신앙 양심에 찔려서 그랬던 모양입니다. 예수님께서는 우리를 구원하시기 위해서 발가벗겨지신 채로 십자가에 달려 고난을 당하셨습니다. 그런데 사람들 앞에서 식사 기도하는 것조차 부끄러워하고, 잠시잠깐 머물다 떠나는 이 세상에서 믿음 때문에 손해를 볼까봐 전전긍긍한다면 정말 부끄러운 일입니다.

요한복음 9장을 보면 예수님께서 실로암에서 맹인의 눈을 뜨게 하신 기적이 기록되어 있습니다. 그때 맹인의 부모는 바리새인들의 공격을 받자 아들에게 일어난 일을 정확히 알고 있으면서도 대답하기를 피했습니다. 그들도 역시 출교를 당하게 될까 봐 두려웠던 것입니다(요 9:21-22).

"그들은 사람의 영광을 하나님의 영광보다 더 사랑하였더라" 요 12:43

예수님에 대한 믿음을 담대하게 고백하지 못하는 이유는 사람의 영광을 하나님의 영광보다 더 사랑하기 때문입니다.

예수님에 대한 믿음을 담대하게 고백하지 못하는 이유는 사람의 영광을 하나님의 영광보다 더 사랑하기 때문입니다. 존 칼빈은 이런 모습에 대해 "세상 영광이라는 금 사슬에 매여 하나님께 영광 돌릴 수가 없었다."라고 말했습니다. 만약 우리가 세상에서 우리의 신앙을 부끄러워하거나 떳떳하게 신앙을 내세우지 못한다면 천국에 갔을 때 주님 앞에 부끄러운 모습으로 설 수밖에 없습니다.

노숙자를 비롯한 사회적 약자들을 돕는 머시드 레스큐 미션(Merced Rescue Mission)이라는 단체의 대표였던 허버트 오팔렉 목사님의 이야기입니다. 그는 본래 뛰어난 유대교 학자이자 랍비였습니다. 유대교 가정에서 태어나 어릴 때부터 랍비가 되기 위한 공부와 훈련을 병행했고 18세의 나이에 정식 랍비가 되었습니다. 또한 여러 분야의 박사 학위를 받아 하버드를 비롯한 명문 대학의 교수로 활동했으며, 정통 랍비 교육을 하는 것으로 이름난 브루클린 예시바(유대인 종교 학교)의 학장이자 교수로도 명성을 얻었습니다.

1998년 연구 기금을 마련하기 위해 보스턴을 방문한 그는 우연히 호텔에 비치된 성경을 읽게 되었는데, "사람이 거듭나지 아니하면 하나님의 나라를 볼 수 없느니라"(요 3:3)는 구절에서 마음이 뜨거워지면서 주님을 영접하게 되었습니다. 그는 이날의 경험에 대해 이렇게 말했습니다.

"저는 과거 무수히 성경을 읽었지만 한 번도 진리를 깨닫지 못했습니다. 하지만 바로 그날 생애 처음으로 성령님을 만났고, 하나님을 제 안에 모셔 들였습니다."

이렇게 예수님을 영접한 이후 그의 삶에 고난이 시작되었습니다. 유명한 랍비였던 그의 회심 사건은 유대 사회에 빠르게 소문이 났고, 그는 자신이 속한 모든 공동체로부터 핍박을 받았습니다. 일하던 연구소에서 쫓겨났으며, 친구들에게는 따돌림을 당했고, 가족들은 그가 가문의 명예를 더럽혔다며 죽은 사람으로 취급했습니다. 아버지는 길에서 그의 뺨을 때리고 침을 뱉기도 했습니다. 그는 예수님을 믿고 난 후 이전에 가진 모든 것을 잃게 되었습니다.

하지만 그는 예수님을 포기할 수 없었습니다. 이후 목사가 된 그는 노숙자들을 섬기는 사역을 시작으로 사회에서 소외되고 버림받은 수많은 사람들을 주님께로 인도하다가 2011년에 하나님의 부르심을 받았습니다. 그는 자신의 삶과 신앙에 대해 이렇게 고백했습니다.

"저는 바울과 같이 바리새인 중의 바리새인이요, 유대인 중의 유대인이었습니다. 스스로에 대한 자부심이 강했고 율법이라는 기준으로 진리를 규정하려 했습니다. 하지만 기도를 하면 할수록, 성경을 읽으면 읽을수록 진리는 더욱 분명해졌습니다. 예수님을 통하지 않고서는 아버지께로 갈 수 없다는 것을 깨달았습니다."

2. 구원의 길, 심판의 길

"예수께서 외쳐 이르시되 나를 믿는 자는 나를 믿는 것이 아니요 나를 보내신 이를 믿는 것이며 나를 보는 자는 나를 보내신 이를 보는 것이니라" 요 12:44-45

예수님께서는 대중 사역을 마무리하시는 시점에 마지막 구원의 메시지를 전하셨습니다. 예수님께서는 "나를 믿는 자는 나를 믿는 것이 아니요 나를 보내신 이를 믿는 것이다."라고 외치셨습니다. 여기서 '외치다'라는 말은 여러 사람의 주의를 집중시키기 위해 큰 소리로 부르짖는 것을 의미합니다.

예수님께서는 예수 그리스도를 믿는다는 것이 무엇을 의미하는지에 대해 말씀하셨습니다. 먼저 예수님을 믿는 것이 가장 중요합니다. 그리고 예수님과 '나를 보내신 이', 곧 하나님 사이에 밀접한 연관성이 있다는 것을 알아야 합니다. 예수님을 믿는 것은 하나님을 믿는 것입니다. 그리고 예수님을 보는 것은 하나님을 보는 것입니다. 하나님을 본 사람은 아무도 없습니다. 그러나 우리는 예수님을 통해서 하나님을 볼 수 있습니다.

예수님은 하나님이시고, 하나님은 예수님이십니다. 이단들은 이

> 예수님은 하나님이시고, 하나님은 예수님이십니다.

것을 인정하지 않습니다. '여호와의 증인' 이라는 이단은 예수님이 사람보다는 월등히 뛰어나지만 하나님보다 조금 못한 분이라고 말합니다. 예수님의 신성을 인정하지 않는 것입니다.

기독교 교리 중에 우리가 이해하기 쉽지 않는 것이 삼위일체에 관한 교리입니다. 하나님, 예수님, 성령님은 세 분이면서 한 분이십니다. 세 분은 항상 동역하시지만 하나님께서는 구약 시대에 주로 역사하셨고, 예수님께서는 신약 시대를 여시면서 인류 구원 사역을 이루셨고, 예수님께서 승천하신 후에는 성령님께서 오셔서 땅 끝까지 복음이 증거되도록 역사하고 계십니다.

> **"나는 빛으로 세상에 왔나니 무릇 나를 믿는 자로 어둠에 거하지 않게 하려 함이로라"** 요 12:46

예수님께서는 '세상의 빛' 으로 오셨습니다. 빛은 어둠을 밝혀 줍니다. 예수님께서는 이 세상에 빛으로 오셨기 때문에 세상의 어둠을 몰아내십니다. 예수님께서는 예수님을 믿는 사람이 어둠에 거하지 않게 하십니다. 예수님께서는 이 세상에 어둠을 가져오는 원수 마귀의 모든 영향력을 무력화시키시며, 그 안에 묶인 사람들을 자유하게 하십니다. 예수님께서 십자가에서 죽으시고 삼일 만에 부활하심으로 말미암아 죄와 사망의 법을 깨뜨리시고 승리하셨기 때문입니다. 그러나 마귀는 사람들을 어두움 속에 가둬 놓고 죄를 짓게 하고 세상의 쾌락에 빠져 헤어 나오지 못하게 만듭니다. 죄란 무엇입니까? 인간을 창조하신 하나님을 버리고 내 생각, 내 감정대로 살고, 나의 영광을 위해 사는 것이 죄입니다. 인류를 구원하시기 위해 하나님께서 보내신 구세주 예수님을 영접하지 않고, 그 말씀에 귀 기울이지 않는 것입니다. 인간은 스스로 원수 마귀의 영향력 아래에서 벗어날 수 없기 때문에 예수님을 영접하지 않고 예수님의 말씀을 따라 살지 않는 사람은 어둠 속에서 온갖 죄를 지으며 살게 됩니다. 그래서 이러한 사람에게는 하나님께서 기뻐하시는 모습이 전혀 없고 결국 하나님의 심판을 피할 수 없습니다.

인간을 창조하신 하나님을 버리고 내 생각, 내 감정대로 살고, 나의 영광을 위해 사는 것이 죄입니다.

"사람이 내 말을 듣고 지키지 아니할지라도 내가 그를 심판하지 아니하노라 내가 온 것은 세상을 심판하려 함이 아니요 세상을 구원하려 함이로라 나를 저버리고 내 말을 받지 아니하는 자를 심판할 이가 있으니 곧 내가 한 그 말이 마지막 날에 그를 심판하리라" 요 12:47-48

예수님께서 이 세상에 오신 일차적인 목적은 심판이 아닙니다. 우리의 구원을 위해 이 세상에 오셨습니다. 그래서 예수님께서는 "내 말을 듣고 지키지 아니할지라도 내가 그를 심판하지 아니한다."라고 말씀하셨습니다. 그런데 이 말씀은 예수님을 영접하지 않고 예수님의 말씀을 듣지 않아도 심판을 받지 않는다는 말씀이 아닙니다. 예수님을 영접하지도, 예수님의 가르침을 따르지도 않는 사람들은 예수님께서 베푸시는 구원을 거절하였기 때문에 그것이 곧 그들에게 심판이 됩니다. 그리고 마지막 날에 그들은 심판을 받게 될 것입니다.

복음을 듣고 예수님을 영접하느냐, 영접하지 않느냐에 따라 심판은 이미 결정된 것이나 다름없습니다. 그러나 하나님께서는 모든 사람이 구원을 얻기 원하십니다. 그러므로 우리는 어둠 속에서 죄에 빠져 사는 사람들에게 구원의 복음을 전해야 합니다. 그들이 예수님을 영접하지 않은 채로 죽거나, 예수님께서 재림하시면 그들에게는 심판을 면할 기회가 영원히 사라집니다.

우리도 천국에 가기 전까지 이 세상에서 어둠에 빠지지 않고, 죄에 물들지 않도록 항상 우리 자신을 지켜야 합니다. 바울 사도는 빌립보서 2장 12절에서 "그러므로 나의 사랑하는 자들아 너희가 나 있을 때뿐 아니라 더욱 지금 나 없을 때에도 항상 복종하여 두렵고 떨림으로 너희 구원을 이루라"고 말했습니다. 우리는 예수님을 믿는 그 순간 구원을 받았지만 예수님을 다시 만나는 그날까지 안심할 수 없습니다. 왜냐하면 베드로전서 5장 8절에 "근신하라 깨어라 너희 대적 마귀가 우는 사자같이 두루 다니며 삼킬 자를 찾나니"라고 말씀하는 것처럼, 마귀는 지금도 쉬지 않고 삼킬 자를 찾고 있기 때문입니다. 그러므로 우리는 주변에 죄 가운데 사는 사람, 불신앙에서 오는 부정적인 생각으로 가득 차서 원망과 불평을 일삼는 사람이 있다면 그들을 구원하고 변화시키기 위해 최선을 다해야 합니다. 동시에 우리도 그들의 죄와 부정적인 생각에 물들지 않도록 항상 보혈의 능력으로 무장되어 있어야 합니다.

"내가 내 자의로 말한 것이 아니요 나를 보내신 아버지께서 내가 말할 것과 이를 것을 친히 명령하여 주셨으니 나는 그의 명령이 영생인 줄 아노라 그러므로 내가 이르는 것은 내 아버지께서 내게 말씀하신 그대로니라 하시니라" 요 12:49-50

예수님은 하나님이시지만, 하나님의 명령을 받고 이 세상에 오셨기 때문에 어떤 말씀도 자의로 하지 않으셨습니다. 예수님께서 하신 말씀은 하나님께서 예수님께 이르신 그대로였습니다. 예수님의 말씀과 사역은 모두 하나님의 명령에 따라 선포되고 이루어졌습니다. 하나님께서 예수님의 말씀과 사역을 통해 이 세상에 주시기 원하신 것은 '영생'입니다. 예수님께서 "하나님의 명령이 '영생'인 것을 안다."라고 말씀하신 것에서 확인할 수 있습니다. 그러므로 예수님을 믿는 우리는 우리 안에 영생이 있음을 믿습니다. 우리 모두는 죄인이었고, 우리가 지은 죄의 삯인 사망의 형벌을 받아야 했습니다. 그러나 예수님께서 우리 죄의 삯인 사망을 대신 짊어지시고 십자가에 죽으시고 부활하심으로 말미암아 우리에게 '영생'을 주셨습니다. 그래서 예수님을 믿는 사람은 죽어도 살고, 살아서 믿는 자는 영원히 죽지 않게 됩니다. 우리가 이 세상을 떠나면 저 천국에 이르러 주님을 찬양하며 영원히 살게 됩니다.

예수님을 믿는 사람은 죽어도 살고, 살아서 믿는 자는 영원히 죽지 않게 됩니다.

미국 애틀랜타 제일침례교회의 담임목사이면서 베스트셀러 작가이기도 한 찰스 스탠리 목사님은 이렇게 말했습니다.

"하나님은 우리의 생명이다. 하나님 없이는 이 세상에서나 내세에서나 우리에게 생명은 없다. 예수님은 우리에게 생명을 주시려고, 그것도 풍성히 주시려고 오셨다. 우리의 생명은 하나님께로부터 흘러나온다."

하나님께서는 우리에게 생명, 곧 영생을 주시기 위해 예수님을 보내셨고, 예수님을 믿는 모든 사람은 영생을 얻습니다. 우리에게 영생을 주시기 위해서 십자가에서 죽으신 예수님을 날마다 묵상하며 사십시오. 그리고 부활하신 예수님과 날마다 동행하며 영생을 누리는 삶을 사십시오.

우리에게 영생을 주시기 위해서 십자가에서 죽으신 예수님을 날마다 묵상하며 사십시오.

『철인』의 저자 다니엘 김 선교사님은 중국에 머무는 동안 북한에서 선교 활동을 하다가 수용소에 갇힌 경험이 있는 한 분을 만나게 되었습니다. 그분은 원래 북한으로 매일 출퇴근을 하며 장사를 했는데, 사실은 장사가 목적이 아니라 복음을 전하는 것이 목적이었습니다. 그러던 어느 날 이분이 그만 선교 활동을 하는 것이 북한 당국에 발각이 돼 수용소에 갇히고 말았습니다. 하지만 이분은 "더 깊은 곳에 들어가 복음을 전하는 것이 주님의 뜻이라면 감사히 여깁니다."라며 형무소에 들어가서도 복음을 전하기 시작했습니다. 그러자 수용소에서는 그분을 독방에 넣어 버렸습니다. 그 독방은 가로, 세로, 높이가 모두 1미터로, 한마디로 '1평방미터짜리 상자' 였습니다. 하루에 한 번 구멍이 열려 밥이 들어오고, 대소변도 그 안에서 해결해야 했습니다. 그분은 거기서 무려 3개월을 있었고, 나와서도 한 달 반 동안 혹독한 고문을 당했습니다. 그렇게 총 6개월 동안 감옥에서 모진 고난을 겪고 난 후 중국에 돌아와 다니엘 김 선교사님을 만나게 된 것이었습니다. 선교사님이 그분에게 물었습니다.

"많이 힘드셨지요? 한 가지 여쭤 볼게요. 정신력이 강한 사람도 일주일을 못 견디고 정신이 이상해진다는 독방에서 어떻게 견디셨어요?"

그분은 이렇게 대답했습니다.

"저는 마시고 있었어요. 바로 제 안의 생수 되신 예수 그리스도, 생명수의 원천 되신 그분을 말이죠. 사방이 막히고 내일이 보이지 않는 어둠 속에 아무런 희망이 없이 앉아 있었지만, 한 가지 변하지 않은 것이 있었습니다. 밖에 있든 안에 있든, 내 안에 계신 그분, 예수 그리스도는 바뀌지 않았어요."

예수님께서 주시는 영생을 소유한 사람은 어떠한 절망적인 상황과 조건에 처한다 할지라도 결코 믿음이 흔들리지 않습니다. 우리 안에 있는 영생의 능력이 날마다 소망 가운데로 우리를 이끌어 주고 넘치는 감사와 찬송으로 인도해 주기 때문입니다.

사랑하는 여러분, 빛의 자녀로 빛 가운데 살고 있습니까? 여러분 안에 있는 영생을 날마다 느끼며 살고 있습니까? 하나님께서는 이 땅에 사는 우리에게 분명한 목적을 가지고 계십니다. 우리의 삶을 향한 확실한 뜻과 계획을 가지고 계십니다. 그것은 우리가 하나님께서 주신 영생을 누리되 풍성히 누리며, 세상에서 빛과 소금의 역할을 감당하여 많은 사람들을 생명의 길, 구원의 길, 진리의 길로 인도하는 것입니다. 이를 위해서는 무엇보다도 사람이나 주위

〈감람산에서 바라본 오늘날의 예루살렘〉

환경에 결코 흔들리지 않는 강한 믿음을 소유해야 합니다. 예수님을 믿는 것 때문에 손해를 입게 된다고 할지라도 두려워하거나 물러서지 마십시오. 주님께서 그 모든 것을 보상해 주실 뿐만 아니라 모든 것이 합력하여 선을 이루게 해 주셔서 영광스러운 구원의 주인공으로 만들어 주실 것입니다.

묵상을 위한 질문

1. 예수님께서 대중 사역을 마무리하실 때 예수님에 대한 무리들의 대체적인 반응은 어떠했습니까(요 12:37)?

2. 유대의 관리 중에 예수님을 믿는 자가 많았지만 그들은 자신들의 신앙을 드러내 놓고 표현하지 않았습니다. 그 이유는 무엇입니까(요 12:42-43)?

3. 예수님께서는 예수님을 보고 믿는 것은 누구를 보고 믿는 것이라고 말씀하셨습니까(요 12:44-45)?

4. 예수님께서는 이 세상에 오신 목적이 무엇이며 예수님의 말씀을 듣고 지키지 않는 사람은 언제, 어떻게 심판을 받게 된다고 말씀하셨습니까(요 12:47-48)?

5. 예수님께서는 자의로 말씀하시지 않고 오직 하나님의 명령을 따른다고 말씀하셨습니다. 그 명령은 무엇입니까(요 12:49-50)?

6. 당신의 언어 습관을 살펴보십시오. 당신이 하는 말에 하나님의 말씀과 하나님께서 주시는 영생이 담겨져 있습니까?

암송 성구

"사람이 내 말을 듣고 지키지 아니할지라도 내가 그를 심판하지 아니하노라 내가 온 것은 세상을 심판하려 함이 아니요 세상을 구원하려 함이로라"(요 12:47)

서로
사랑하라

"세상에 있는
자기 사람들을 사랑하시되
끝까지 사랑하시니라"

Chapter

13

A Commentary on the Gospel of John

섬김의 본을 보여 주신 예수님

섬김의 본 (요 13:1-17)

너희 중 하나가 나를 팔리라 (요 13:18-30)

새 계명 (요 13:31-38)

John

요 13:1-17

"유월절 전에 예수께서 자기가 세상을 떠나 아버지께로 돌아가실 때가 이른 줄 아시고 세상에 있는 자기 사람들을 사랑하시되 끝까지 사랑하시니라 마귀가 벌써 시몬의 아들 가룟 유다의 마음에 예수를 팔려는 생각을 넣었더라 저녁 먹는 중 예수는 아버지께서 모든 것을 자기 손에 맡기신 것과 또 자기가 하나님께로부터 오셨다가 하나님께로 돌아가실 것을 아시고 저녁 잡수시던 자리에서 일어나 겉옷을 벗고 수건을 가져다가 허리에 두르시고 이에 대야에 물을 떠서 제자들의 발을 씻으시고 그 두르신 수건으로 닦기를 시작하여 시몬 베드로에게 이르시니 베드로가 이르되 주여 주께서 내 발을 씻으시나이까 예수께서 대답하여 이르시되 내가 하는 것을 네가 지금은 알지 못하나 이 후에는 알리라 베드로가 이르되 내 발을 절대로 씻지 못하시리이다 예수께서 대답하시되 내가 너를 씻어 주지 아니하면 네가 나와 상관이 없느니라 시몬 베드로가 이르되 주여 내 발뿐 아니라 손과 머리도 씻어 주옵소서 예수께서 이르시되 이미 목욕한 자는 발밖에 씻을 필요가 없느니라 온몸이 깨끗하니라 너희가 깨끗하나 다는 아니니라 하시니 이는 자기를 팔 자가 누구인지 아심이라 그러므로 다는 깨끗하지 아니하다 하시니라 그들의 발을 씻으신 후에 옷을 입으시고 다시 앉아 그들에게 이르시되 내가 너희에게 행한 것을 너희가 아느냐 너희가 나를 선생이라 또는 주라 하니 너희 말이 옳도다 내가 그러하다 내가 주와 또는 선생이 되어 너희 발을 씻었으니 너희도 서로 발을 씻어 주는 것이 옳으니라 내가 너희에게 행한 것같이 너희도 행하게 하려 하여 본을 보였노라 내가 진실로 진실로 너희에게 이르노니 종이 주인보다 크지 못하고 보냄을 받은 자가 보낸 자보다 크지 못하나니 너희가 이것을 알고 행하면 복이 있으리라"

46

섬김의 본

——— 예수님께서는 이 땅에 오셔서 약 삼 년 반 동안 공생애 기간을 보내셨습니다. 예수님의 사역은 크게 세 가지로 볼 수 있는데 그것은 '가르침', '복음 전파', 그리고 '치유' 입니다. 그런데 제자들은 예수님께 삼 년 반이나 가르침을 받았지만 예수님께서 잡히시기 전날까지도 서로 누가 큰지를 두고 다투었습니다. 이러한 제자들의 모습을 안타깝게 여기시던 예수님께서는 제자들과 마지막 만찬을 나누시는 동안 그들의 발을 씻기시며 섬김의 본을 보이셨습니다.

1. 끝까지 사랑하시는 주님

"유월절 전에 예수께서 자기가 세상을 떠나 아버지께로 돌아가실 때가 이른 줄 아시고 세상에 있는 자기 사람들을 사랑하시되 끝까지 사랑하시니라" 요 13:1

예수님께서는 아버지 하나님께 가시기 전까지 '세상에 있는 자기 사람들', 즉 제자들을 끝까지 사랑하셨습니다. 그런데 예수님께서는 어제나 오늘이나 영원토록 동일하신 분이시기 때문에 지금 이 순간에도 주를 믿는 백성들을 끝까지 사랑하고 계십니다.

이스라엘에는 유월절, 오순절, 초막절이라는 삼대 절기가 있습니다. 그중에 유월절은 가장 큰 절기로 한국의 광복절과 비슷한 의미를 가지고 있습니다. 하나님께서는 애굽에서 노예 생활로 고통받고 있던 이스라엘 백성들을 구원하시기 위해 모세를 보내셨습니다. 그리고 애굽에 열 가지 재앙을 내리셨는데, 유월절은 애굽의 모든 장자를 죽음에 이르게 했던 마지막 열 번째 재앙과 관련이 있습니다. 이 열 번째 재앙은 애굽 사람과 짐승의 초태생이 죽임을 당하는 것이었습니다(출 12:29-39). 이때 하나님께서는 이스라엘 백성들에게 문 인방과 좌우 문설주에 어린 양의 피를 바르라고 지시하셨습니다. 그러면 죽음의 천사가 그 피를 보고 이스라엘의 집에 있는 사람들을 '넘어갈 것' 이라고 말씀하셨습니다(출 12:23). 여기서 '넘어가다' 라는 뜻의 히브리어 원어로부터 '유월절' 이라는 명칭이 유래하게 되었습니다.

이스라엘 백성을 죽음의 천사로부터 보호해 주었던 어린 양의 피는 예수 그리스도의 보혈을 상징합니다. 예수님의 보혈을 의지하는 모든 사람들은 죄와 사망의 권세에서 구원을 받고 영생 천국에 이르게 됩니다. 예수님께서는 진정한 '유월절 어린양' 이십니다. 구약시대의 어린 양은 단순히 상징적 의미를 담고 있을 뿐이지만, 예수님의 십자가 대속의 죽음은 하나님의 참사랑과 구원의 완성입니다. 이러한 예수님의 사랑에 대해 아더 핑크 목사님은 이렇게 말했습니다.

> 예수님의 십자가 대속의 죽음은 하나님의 참사랑과 구원의 완성입니다.

"요한복음이 말하고 있는 '자기 사람들' 이란 예수님의 사랑의 대상을 의미하며, '끝까지' 란 예수님의 사랑의 한계를 말한다. 예수님께서는 우리의 비참한 실패의 끝까지, 우리의 방황과 배반의 끝까지, 우리의 무가치함의 끝까지, 우리의 절실한 필요의 끝까지 사랑하신다."

예수님의 사랑은 대상을 제한하지 않습니다. 예수님의 사랑에는 한계가 없습니다. 그 누구라도 언제든지 예수님의 사랑을 누릴 수 예수님의 사랑에는 한계가 없습니다.

있습니다. 우리가 절망과 낙심에 빠져 있을 때에라도 예수님의 사랑은 멈추지 않고 우리를 구원의 길로 인도하십니다.

"마귀가 벌써 시몬의 아들 가룟 유다의 마음에 예수를 팔려는 생각을 넣었더라" 요 13:2

가룟 유다가 예수님을 판 것은 마귀의 명령을 따른 것이라고 말씀하고 있습니다. '넣었더라' 는 말은 원어로 보면 '이미 들어 있다' 라는 의미가 담겨 있습니다. 즉, 가룟 유다의 마음속에는 마귀가 심어 놓은 악한 생각이 이전부터 들어 있었습니다.

요즘에는 그런 모습을 보기 힘들지만 예전에는 집집마다 손수 장을 담가 장독에 보관했습니다. 어릴 때 저희 집 마당에도 장독이 여럿 있었습니다. 비가 올 때면 "장독 닫아라."는 어머니 말씀에 열심히 장독 뚜껑을 닫았던 기억이 납니다. 그 일을 생각하다가 문득 '하나님의 은혜를 받을 때 마음에 뚜껑이 있는 사람은 그 은혜를 한 방울도 누리지 못하고 다 쏟아 버리겠구나!' 라는 생각이 들었습니다. 그리고 가룟 유다가 바로 그러한 사람이라는 것을 깨닫게 되었습니다.

예수님께서는 가룟 유다의 마음이 이미 닫혀 있었음을 알고 계셨습니다. 그럼에도 불구하고 예수님께서 그를 포함한 제자들을 끝까지 사랑하셨습니다. 가룟 유다는 이러한 예수님의 사랑을 배반한 것입니다. 그는 마귀로부터 자신의 마음을 지키지 못했습니다.

잠언 4장 23절은 "모든 지킬 만한 것 중에 더욱 네 마음을 지키라 생명의 근원이 이에서 남이니라"고 말씀합니다. 우리는 우리의 마음을 잘 지켜야 합니다. 부정적인 생각, 염려, 근심 등이 우리의 마음속에 들어오지 못하도록 마음을 지키고 하나님의 은혜만이 쏟아져 들어오도록 해야 합니다. 우리의 삶을 하나님의 축복으로 인도하는 생각은 다른 사람을 용서하고 살리는 생각입니다. 그러한 생각은 우리에게도 넘치는 기쁨과 감사를 가져다줍니다.

"저녁 먹는 중 예수는 아버지께서 모든 것을 자기 손에 맡기신 것과 또 자기가 하나님께로부터 오셨다가 하나님께로 돌아가실 것을 아시고" 요 13:3

예수님께서는 아버지의 때가 되어 십자가에 달리시기 전에 제자들과 마지막 식사를 하셨습니다. 하지만 제자들은 이러한 사실을 전혀 모르고 있었습니다. 마가복음 9장 30절부터 37절을 보면 이러한 제자들의 어리석음이 잘 드러납니다. 예수님께서 제자들에게 아버지의 뜻에 따라 십자가에 달려 죽으시고 삼 일 만에 부활하실 것을 미리 알려 주셨지만 제자들은 그 말씀의 의미를 전혀 깨닫지 못했을 뿐만 아니라, 오히려 누가 높은 자리에 앉을 것인지 하는 문제로 서로 다투었습니다.

"그들이 잠잠하니 이는 길에서 서로 누가 크냐 하고 쟁론하였음이라" (막 9:34)

"저녁 잡수시던 자리에서 일어나 겉옷을 벗고 수건을 가져다가 허리에 두르시고 이에 대야에 물을 떠서 제자들의 발을 씻으시고 그 두르신 수건으로 닦기를 시작하여" 요 13:4-5

예수님께서는 이러한 어리석은 제자들을 위해 마지막 가르침을 행동으로 보여 주셨습니다. 예수님께서 친히 수건을 허리에 두르시고 제자들의 발을 씻기셨던 것입니다. 팔레스타인 지역은 건조한 기후 탓에 길에 먼지가 많았고, 사람들은 대부분 지금의 샌들과 같은 형태의 신을 신었기 때문에 외출 후에는 발이 매우 더러웠습니다. 그래서 종들이 미리 물을 준비해 놓았다가 주인이 집에 돌아오면 발을 씻겨 주었습니다. 예수님께서는 주인의 발을 씻기는 종

제자들은 스스로 높아지기 위해 동료들과 다투었지만 예수님께서는 스스로 낮아지셔서 종의 모습으로 제자들을 섬기셨습니다.

의 모습과 같이 손수 대야에 물을 떠서 제자들의 발을 씻기심으로써 섬김의 본을 보이신 것입니다. 특히 수건을 허리에 두른 모습은 주인을 섬기기 위해 종이 취하는 일반적인 자세를 나타냅니다. 제자들은 스스로 높아지기 위해 동료들과 다투었지만 예수님께서는 스스로 낮아지셔서 종의 모습으로 제자들을 섬기셨습니다.

예수님의 이러한 모습은 우리에게 섬김에 대한 분명한 가르침을 줍니다. 섬김과 겸손의 삶은 우리가 평생 노력하여 이루어야 하는 인생의 목표와 같습니다. 그런데 우리는 섬기는 것보다 섬김을 받는 것을 더 좋아합니다. 늘 교만하여 칭찬받고 대접받는 것에 더 익숙합니다. 하지만 만왕의 왕, 만주의 주이신 예수님께서는 모든 영광을 포기하시고 낮고 천한 이 땅에 오셔서 제자들의 발을 씻기시며 그들을 섬기셨습니다. 이러한 예수님의 겸손과 섬김을 통해 우리가 깨달아야 할 바에 대해 앤드류 머레이 목사님은 이렇게 말했습니다.

섬김과 겸손의 삶은 우리가 평생 노력하여 이루어야 하는 인생의 목표와 같습니다.

"우리가 아무리 겸손하다고 해도 우리의 모습이 예수님의 겸손을 나타내지 못한다면, 그것은 아무런 의미가 없다. 예수님의 겸손을 가진 사람들은 가장 낮고 연약한 사람들까지도 하나님의 자녀로 여기며 그들을 존중한다. 제자들의 발을 씻기셨던 예수님의 마음은 다른 사람들을 섬기는 것이야말로 진정한 기쁨이라는 사실을 깨닫게 해 주기 때문이다."

야누쉬 코르착은 폴란드의 의사이자 교육자였으며, 또한 저술가로도 유명했습니다. 그는 어느 날 질병과 가난에 시달리는 거리의 아이들과 마주친 후에 그들을 돌보기 위해 의사의 직분을 내려놓고 고아원을 시작했습니다. 또한 어린이의 교육과 인권 신장을 위해 여러 편의 책을 저술하기도 했습니다. 하지만 아이들은 부모로부터 버림받은 아픈 기억을 떠올리며 그에게 "박사님도 언젠가 우리를 떠나실 건가요?"라고 묻곤 했습니다. 그럴 때마다 그는 "나는 무슨 일이 있어도 너희와 함께 있을 거야."라고 대답하며 아이들을 안심시켰습니다.

그러던 중 제2차 세계 대전이 일어나 폴란드는 독일에 점령되었습니다. 독일군은 유대인들을 색출하여 유대인 강제 거주 구역인 '게토'로 보냈습니다. 그가 돌보던 아이들도 독일군에 의해 게토로 보내졌고, 그는 아이들과의 약속을 지키기 위해 아이들과 동행했습니다. 그리고 그는 게토에서도 아이들에게 꿈과 희망을 심어 주기 위해 최선을 다했습니다. 독일군은 그 아이들을 가스실에 보내기에 이르렀고, 그의 명성을 알고 있던 몇몇 사람들은 폴란드인인 그에게 이제 그만 아이들을 떠나라고 말했습니다. 하지만 그는 "당신이라면 어떻게 하겠습니까? 당신의 아이가 아프고, 위험에 처해 있다면 당신은 그 아이를 버리겠습니까?"라고 되물으며 끝까지 아이들을 떠나지 않았습니다. 독일군이 아이들을 가스실로 보내기로 한 날, 그는 아이들에게 여름휴가를 간다고 말했습니다. 그리고 아이들에게 가장 깨끗한 옷을 입히고 제일 좋아하는 물건을 배낭에 넣게 한 다음 아이들의 손을 잡고 함께 기차에 올랐습니다. 결국 그는 아이들과 함께 가스실에 들어가 숨을 거두었습니다. 이후 사람들은 마치 소풍을 가듯 떠난 아이들의 모습을 두고 '천사들의 행진' 이라고 부르며 그의 희생을 기렸습니다.

진정한 사랑은 바로 자신을 희생하는 헌신적 사랑입니다. 헌신은 다른 사람을 내 몸과 같이 사랑할 수 있을 때에 실천할 수 있는

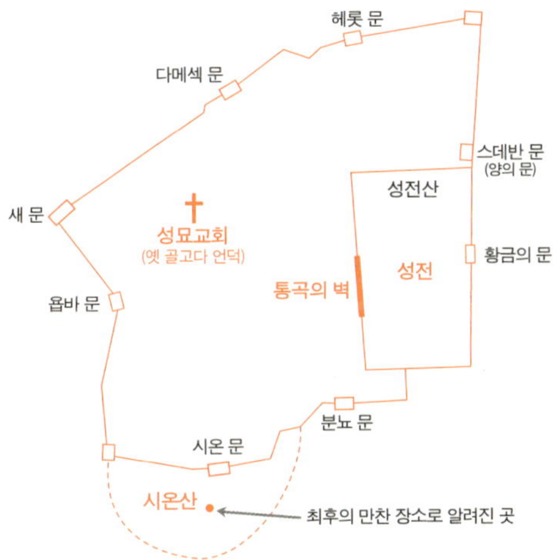

〈예루살렘 성과 최후의 만찬 장소로 알려진 곳의 위치〉

> 진정한 사랑은 바로 자신을 희생하는 헌신적 사랑입니다.

가장 숭고한 사랑입니다. 예수님께서는 제자들을 포함한 모든 사람들을 끝까지 사랑하셨기에 기꺼이 십자가의 고난과 죽음을 감당하셨습니다.

2. 베드로의 발을 씻어 주신 예수님

"시몬 베드로에게 이르시니 베드로가 이르되 주여 주께서 내 발을 씻으시나이까" 요 13:6

베드로의 "주께서 내 발을 씻으시나이까?"라는 말의 원문의 뉘앙스를 살리면 "주여, 주님께서 제 발을 씻으실 작정이십니까?"라고 해석할 수 있습니다. 베드로는 예수님께서 자신의 발을 씻어 주시려 하자 적극적으로 사양했습니다. 일반적으로 볼 때 기본적인 양심을 갖춘 사람이라면 누구라도 이러한 반응을 보였을 것입니다. 종이 주인을 섬길 때 하는 행동을 선생님께서 제자들에게 하려고 했으니 말입니다. 베드로는 이러한 예수님의 모습을 보자 얼마 전까지 누가 더 큰 자인지에 대해 다른 제자들과 다퉜던 자신의 모습이 너무나도 부끄럽게 느껴졌을 것입니다.

"예수께서 대답하여 이르시되 내가 하는 것을 네가 지금은 알지 못하나 이 후에는 알리라 베드로가 이르되 내 발을 절대로 씻지 못하시리이다 예수께서 대답하시되 내가 너를 씻어 주지 아니하면 네가 나와 상관이 없느니라" 요 13:7-8

그러나 베드로의 이러한 행동은 사실 예수님께서 하시는 일의 영적 의미를 이해하지 못한 것이었습니다. 베드로는 여전히 인간적인 관점에서 예수님의 말씀과 행동을 이해하고 있었습니다. 따라서 예수님께서는 즉시 베드로에게 "내가 너를 씻어 주지 아니하면 네가 나와 상관이 없느니라"고 단호하게 말씀하셨습니다. 베드로는 순수한 마음에서 예수님을 만류했지만 이는 예수님께서 뜻하신 바를 막아서는 일이었던 것입니다.

이러한 베드로의 행동은 그가 빌립보 가이사랴에서 예수님께 대한 신앙고백을 한 후에 예수님께서 십자가 고난에 관해 말씀하시자 이를 극구 만류했던 일을 상기시킵니다. 그때에도 예수님께서는 "네가 하나님의 일을 생각하지 아니하고 도리어 사람의 일을 생각하는도다"(마 16:23)라고 하시며 베드로를 크게 꾸짖으셨습니다. 베드로는 예수님을 잘 섬기고자 하는 순수한 마음에 그러한 반응을 보였을 수도 있습니다. 그러나 베드로가 예수님의 말씀에 거부 반응을 보였던 결정적인 이유는 바로 베드로의 깨어지지 않는 자

> 베드로가 예수님의 말씀에 거부 반응을 보였던 결정적인 이유는 바로 베드로의 깨어지지 않는 자아에 있었습니다.

아에 있었습니다. 베드로는 만약 예수님께서 십자가에 달려 돌아가신다면 자기 자신도 무사하지 못할 것이라고 생각했습니다. 여전히 자기중심적인 생각으로 예수님께서 이루실 하나님의 뜻을 받아들이지 못했던 것입니다.

"시몬 베드로가 이르되 주여 내 발뿐 아니라 손과 머리도 씻어 주옵소서" 요 13:9

예수님의 말씀에 화들짝 놀란 베드로는 이번에는 온몸을 다 씻어 달라고 말했습니다. 이처럼 한편으로는 어리석고 또 다른 한편으로는 순수한 모습을 동시에 보여 주는 베드로를 통해, 우리는 늘 부족하고 연약하면서도 예수님과 함께하려고 몸부림치는 우리의 모습을 발견할 수 있습니다. 베드로는 예수님의 꾸지람을 받으면서도 결코 낙심하거나 좌절하지 않았습니다. 오히려 그는 자신의 부족함을 깨닫고 더 열심히 예수님을 따르려고 노력했습니다. 이와 같이 우리도 결코 믿음의 경주를 포기해서는 안 됩니다. 예수님께서 우리에게 원하시는 것은 완벽한 믿음이 아니라, 반복되는 실수와 잘못 속에서도 믿음의 경주를 포기하지 않는 믿음입니다. 믿음의 경주는 1등이 아니라 완주를 목표로 한다는 사실을 꼭 기억하시기 바랍니다.

"예수께서 이르시되 이미 목욕한 자는 발밖에 씻을 필요가 없느니라 온몸이 깨끗하니라 너희가 깨끗하나 다는 아니니라 하시니 이는 자기를 팔 자가 누구인지 아심이라 그러므로 다는 깨끗하지 아니하다 하시니라" 요 13:10-11

베드로의 말에 예수님께서는 "이미 목욕한 자는 발밖에 씻을 필요가 없느니라"고 말씀하시며 베드로를 안심시키셨습니다. 베드로를 비롯한 제자들의 부족함에도 불구하고 예수님께서는 그들이 이미 목욕을 하여 온몸이 깨끗한 사람들이라고 말씀해 주셨습니다. 예수님께서 말씀하신 '이미 목욕한 자'란 바로 '구원받은 자'를 가리킵니다. 그리고 '발을 씻는 것'은 구원받은 사람들이 이후에 짓는 크고 작은 죄를 용서받는 것을 의미합니다. 윌리엄 맥도널드 목사님은 이에 대해 다음과 같이 말했습니다.

"목욕과 발을 씻는 것은 다르다. '목욕'은 우리가 구원받을 때 깨끗이 씻음받는 것을 의미한다. 그리스도의 피를 통하여 죄의 형벌로부터 깨끗하게 씻음을 받는 것은 단 한 번의 사건이다. 그러나 '발을 씻는 것'은 죄로 인하여 더러워진 우리 자신을 말씀을 통해 지속적으로 씻어야 함을 의미한다."

예수님께서는 열두제자 모두가 깨끗한 것은 아니라고 말씀하셨습니다. 이렇게 말씀하신 까닭은 예수님께서 가룟 유다의 계획을 이미 알고 계셨기 때문입니다. 앞서 13장 2절은 가룟 유다의 마음에 이미 마귀의 생각이 심겨 있다고 말씀했습니다. 가룟 유다는 다른 제자들 틈에 끼어 예수님과 함께 생활했지만 그의 마음속에는 마귀의 생각이 들어 있었기 때문에 온몸이 깨끗할 수가 없었습니다.

3. 선교의 본을 보여 주신 예수님

"그들의 발을 씻으신 후에 옷을 입으시고 다시 앉아 그들에게 이르시되 내가 너희에게 행한 것을 너희가 아느냐" 요 13:12

예수님께서는 제자들의 발을 씻어 주신 후 그 의미를 말씀해 주지 않으시고 "내가 너희에게 행한 것을 너희가 아느냐?"라고 질문하셨습니다. 이는 제자들이 먼저 스스로 그 의미에 대해 생각해 보기를 원하셨기 때문입니다. 물론 예수님께서는 앞서 베드로에게 '목욕'과 '발을 씻는 것'을 비교하여 말씀하시면서 영적 씻음에 관해 설명해 주셨습니다. 하지만 예수님께서 손수 제자들의 발을 씻기신 행동의 진정한 의미는 다른 데 있었습니다.

"너희가 나를 선생이라 또는 주라 하니 너희 말이 옳도다 내가 그러하다 내가 주와 또는 선생이 되어 너희 발을 씻었으니 너희도 서로 발을 씻어 주는 것이 옳으니라" 요 13:13-14

예수님께서는 제자들이 예수님을 '선생님', 또는 '주님'이라고 부르는 것이 옳다고 말씀하셨습니다. 그리고 예수님께서는 "내가 '선생님'으로서 너희들의 발을 씻어 주었으니 너희도 서로의 발을 씻어 주어라."고 말씀하셨습니다. 즉, 예수님께서 제자들의 발을 씻어 주신 것은 그들에게 '섬김'을 가르치시기 위해서였던 것입니다. 존 맥스웰 목사님은 '섬김'에 대해 이렇게 말했습니다.

"성공의 척도는 자신을 섬기는 사람의 수가 아니라, 자신이 섬기는 사람의 수로 결정된다."

참된 지도자는 섬김을 받는 사람이 아니라 다른 사람을 섬길 줄 아는 사람입니다. 히브리서 1장 3절은 예수님에 대해 다음과 같이 말씀합니다.

참된 지도자는 섬김을 받는 사람이 아니라 다른 사람을 섬길 줄 아는 사람입니다.

"이는 하나님의 영광의 광채시요 그 본체의 형상이시라 그의 능력의 말씀으로 만물을 붙드시며 죄를 정결하게 하는 일을 하시고 높은 곳에 계신 지극히 크신 이의 우편에 앉으셨느니라"

이러한 분이 우리를 위해 종의 모습으로 이 땅에 오신 것입니다. 예수님께서 인간의 모습으로 오신 것 자체가 바로 섬김의 모범을 보여 주신 것입니다. 그리고 예수님께서는 공생애 기간 동안 수없이 많은 가난하고 병든 자들을 섬기셨습니다. 그들의 문제를 해결해 주시고 질병을 치료해 주시면서 참된 지도자의 모습을 제자들에게 보이셨습니다.

저는 특별히 여의도순복음교회의 오순절사랑훈련학교가 이러한 섬김의 리더십을 교육하는 것에 대해 자랑스럽게 생각합니다. 오늘날 우리 모두에게 필요한 지도자는 군림하는 지도자가 아니라 섬김을 실천하는 지도자이기 때문입니다. 그러므로 우리 교회는 앞으로도 예수님의 가르침을 통해 섬김을 실천하는 참된 지도자를 양성하기 위해 최선을 다할 것입니다.

"내가 너희에게 행한 것같이 너희도 행하게 하려 하여 본을 보였노라" 요 13:15

예수님께서는 예수님의 행동이 바로 가르침이었다고 말씀하셨습니다. 말뿐인 가르침은 힘이 없습니다. 참된 가르침은 먼저 모범을 보여 주는 것입니다. 그래서 예수님께서는 말로만 가르치려 하고 본을 보이지 않는 바리새인들에 대해 다음과 같이 말씀하셨습니다.

"서기관들과 바리새인들이 모세의 자리에 앉았으니 그러므로 무엇이든지 그들이 말하는 바는 행하고 지키되 그들이 하는 행위는 본받지 말라 그들은 말만 하고 행하지 아니하며 또 무거운 짐을 묶어 사람의 어깨에 지우되 자기는 이것을 한 손가락으로도 움직이려 하지 아니하며"(마 23:2-4)

얼마 전 전라남도 해남군 땅끝마을에서 지역아동센터를 섬기고 있는 목사님이 어린 식구가 셋이 더 늘었다며 이메일을 보내왔습니다. 최근 다문화 가정에서 버려지는 아이들이 늘어나고 있다고 합니다. 국제결혼이 증가하는 만큼 이혼하는 가정도 빠르게 늘어나고 있기 때문입니다. 한국 교회가 이러한 소외당하는 사람들을 돌보아야 합니다. 예수님께서는 모든 사람을 위해 십자가를 지셨습니다. 그들이 우리와 말이 다르고 피부색이 다르고 국적이 다르다고 해서 차별하거나 학대해서는 안 됩니다. 교회가 먼저 나서서 그들이 한국 문화에 적응할 수 있도록 도와주고 그들이 겪는 어려움을 해결할 수 있도록 도움의 손길을 내밀어야 합니다.

"내가 진실로 진실로 너희에게 이르노니 종이 주인보다 크지 못하고 보냄을 받은 자가 보낸 자보다 크지 못하나니 너희가 이것을 알고 행하면 복이 있으리라" 요 13:16-17

예수님께서는 다시 한 번 섬김의 기본적인 자세에 대해서 말씀하셨습니다. 예수님께서는 분명 제자들보다 크고 높으신 분이십니다. 종은 결코 주인보다 높아질 수 없기 때문입니다. 따라서 주인이 종을 섬기는 것이 진정한 섬김입니다. 그리고 예수님께서는 이러한 진정한 섬김이야말로 하나님의 축복을 받는 길이라고 말씀하셨습니다. 왜냐하면 하나님께서는 겸손한 마음으로 다른 사람을 섬기는 자에게 복을 주시기 때문입니다.

주인이 종을 섬기는 것이 진정한 섬김입니다.

십자가와 대야를 메고 다니며 발 씻기는 사역을 하는 데이비드 케이프 목사님의 이야기입니다. 요한복음 13장 14절부터 16절을 읽고 감동을 받은 목사님은 그 즉시 십자가와 대야, 물통, 수건 등 20kg이 넘는 짐을 메고 미국 전역을 다니며 사람들의 발을 씻기고 복음을 전했습니다. 그런데 어느 추운 겨울날 목사님은 한센병 환자를 만났습니다. 진물과 피가 흐르는 그 환자의 발은 성한 곳 없이 완전히 일그러져 있었습니다. 병원에 가는 길이라는 환자의 말에 목사님은 그를 그냥 지나쳐 가려고 했습니다. 그런데 그 순간 "돌아가 나의 사랑을 그에게 보이라."는 성령님의 음성이 목사님의 마음속에 울렸습니다. 목사님은 발걸음을 돌려 그 환자에게 다가갔습니다. 한센병 환자의 상처투성이 발에 손을 대기란 쉽지 않았습니다. 하지만 성령님의 음성에 순종하기 위해 목사님은 그의 발을 깨끗이 씻겨 주었습니다. 그런데 마침 그의 발을 닦아 줄 수건이 없었습니다. 그때 성령께서 "네 웃옷을 벗어 그의 발을 닦아라."고 말씀하셨습니다. 목사님은 겨울바람 속에서도 웃옷을 벗어 그의 발을 닦아 주었습니다. 그리고 자신의 옷이 피로 물드는 것을 본 순간 목사님의 마음에 마태복음 25장 40절의 말씀이 떠올랐습니다.

"내가 진실로 너희에게 이르노니 너희가 여기 내 형제 중에 지극히 작은 자 하나에게 한 것이 곧 내게 한 것이니라"

세족 사역을 통해 예수님의 마음을 깊이 깨닫고 있는 목사님은 이렇게 고백했습니다.

"나는 위대함에 이르는 하나님의 비밀을 발견했다. 그것은 바로 종의 마음이었다. 그리스도인을 향한 하나님의 부르심은 세상적인 성공을 위해서가 아니라 천국의 위대함을 위함임을 기억하라. 섬김에는 능력이 있다. 섬김이 바로 십자가의 길이고 빈 무덤의 비밀이며 보좌에 앉으신 만왕의 왕의 빛나는 영광이다. 그분의 불이 당신의 심장에 겸손한 섬김의 불을 일으킬 수 있도록 그분에 모든 것을 맡기라."

사랑하는 여러분, 섬김은 예수님께서 제자들에게 주신 마지막 가르침입니다. 그것은 제자들을 향한 예수님의 뜻이 바로 섬김에 있음을 말해 줍니다. 미국 휘튼칼리지 총장인 필 라이큰 목사님은 『사랑한다면 예수님처럼』이라는 책에서 다음과 같이 말했습니다.

"모든 섬김의 기회를 찾아보라. 낮은 자리로 나아가라. 섬김은 내가 아닌 다른 사람의 일이라고 말하지 말라. 그것은 당신이 주님보다 더 크다는 말과 같다. 허리에 수건을 두르시고 사랑의 무릎을 꿇으셨던 예수님, 그분의 섬김을 기억하라. 그리고 종의 도구를 취하라."

그리스도인의 신앙은 섬김을 통해 완성됩니다. 하나님께서 믿는 사람들에게 넘치는 은혜와 축복을 주시는 이유는 그 받은 것을 어렵고 힘든 사람들과 함께 나누도록 하시기 위함입니다. 그러므로 언제나 받은바 은혜를 감사하고 그 감사한 마음을 섬김을 통해 실천하는 여러분 되시기를 바랍니다.

묵상을 위한 질문

1. 예수님께서 제자들을 끝까지 사랑하신 것은 무엇이 다가오고 있었기 때문이었습니까(요 13:1)?

2. 유월절 전날 예수님께서는 제자들과 함께 식사를 하시다가 제자들을 향한 마지막 가르침으로 어떤 일을 행하셨습니까(요 13:5)?

3. 예수님께서 베드로의 발을 씻기려고 하시자 베드로는 어떤 반응을 보였으며 그 이유는 무엇이었습니까(요 13:8)?

4. 예수님께서는 제자들을 어떤 사람에 비유하시며 발밖에 씻을 필요가 없다고 말씀하셨습니까? 또한 그 의미는 무엇입니까(요 13:10)?

5. 예수님께서 제자들의 발을 씻기신 것은 제자들에게 무엇을 가르치시기 위함이었습니까(요 13:15-17)?

6. 제자들의 발을 씻기신 예수님의 가르침을 당신의 삶에 적용한다면 당신은 어떠한 삶을 살아야 한다고 생각하십니까?

암송 성구

"내가 너희에게 행한 것같이 너희도 행하게 하려 하여 본을 보였노라"
(요 13:15)

요 13:18-30

"내가 너희 모두를 가리켜 말하는 것이 아니니라 나는 내가 택한 자들이 누구인지 앎이라 그러나 내 떡을 먹는 자가 내게 발꿈치를 들었다 한 성경을 응하게 하려는 것이니라 지금부터 일이 일어나기 전에 미리 너희에게 일러둠은 일이 일어날 때에 내가 그인 줄 너희가 믿게 하려 함이로라 내가 진실로 진실로 너희에게 이르노니 내가 보낸 자를 영접하는 자는 나를 영접하는 것이요 나를 영접하는 자는 나를 보내신 이를 영접하는 것이니라 예수께서 이 말씀을 하시고 심령이 괴로워 증언하여 이르시되 내가 진실로 진실로 너희에게 이르노니 너희 중 하나가 나를 팔리라 하시니 제자들이 서로 보며 누구에게 대하여 말씀하시는지 의심하더라 예수의 제자 중 하나 곧 그가 사랑하시는 자가 예수의 품에 의지하여 누웠는지라 시몬 베드로가 머릿짓을 하여 말하되 말씀하신 자가 누구인지 말하라 하니 그가 예수의 가슴에 그대로 의지하여 말하되 주여 누구니이까 예수께서 대답하시되 내가 떡 한 조각을 적셔다 주는 자가 그니라 하시고 곧 한 조각을 적셔서 가룟 시몬의 아들 유다에게 주시니 조각을 받은 후 곧 사탄이 그 속에 들어간지라 이에 예수께서 유다에게 이르시되 네가 하는 일을 속히 하라 하시니 이 말씀을 무슨 뜻으로 하셨는지 그 앉은 자 중에 아는 자가 없고 어떤 이들은 유다가 돈궤를 맡았으므로 명절에 우리가 쓸 물건을 사라 하시는지 혹은 가난한 자들에게 무엇을 주라 하시는 줄로 생각하더라 유다가 그 조각을 받고 곧 나가니 밤이러라"

47

너희 중 하나가 나를 팔리라

—— 예수님께서는 십자가 고난의 때가 가까이 왔음을 알고 계셨습니다. 그래서 유월절 전날 제자들과 함께 마지막 만찬을 나누셨고, 제자들의 발을 씻기셨습니다. 그리고 예수님께서는 그 자리에 자신을 팔 사람이 있다고 말씀하셨습니다. '섬김' 에 대한 예수님의 마지막 가르침에도 불구하고 가룟 유다는 사탄의 유혹에 마음을 빼앗겨 예수님을 팔 계획을 멈추지 않았습니다. 예수님의 말씀에 제자들은 수군거렸지만 예수님의 말씀을 제대로 이해한 사람은 없었습니다. 뿐만 아니라 제자들은 예수님께서 당하실 십자가 고난을 이해하지도 받아들이지도 못하고 있었습니다. 제자들의 이러한 영적인 무지와 어리석음 가운데 예수님께서는 홀로 하나님의 길을 걸어가셔야 했습니다.

1. 장래 일을 미리 말씀하심

"내가 너희 모두를 가리켜 말하는 것이 아니니라 나는 내가 택한 자들이 누구인지 앎이라 그러나 내 떡을 먹는 자가 내게 발꿈치를 들었다 한 성경을 응하게 하려는 것이니라" 요 13:18

예수님께서는 누가 예수님을 배반할지를 이미 알고 계셨습니다. 그럼에도 불구하고 예수님께서는 그를 마지막 만찬 자리에도 참석하도록 하셔서 그의 발까지 씻어 주셨습니다. 그리고 그 이유에 대해 시편 41편 9절의 말씀을 인용하시며 이는 '성경을 응하게 하려는 것' 이라고 말씀하셨습니다.

"내가 신뢰하여 내 떡을 나눠 먹던 나의 가까운 친구도 나를 대적하여 그의 발꿈치를 들었나이다"

이 시편은 다윗이 가장 신뢰하는 측근이었던 아히도벨로부터 배반을 당한 후 지은 것으로 알려져 있습니다(삼하 15:12). 여기서 '내 떡을 먹는 자' 는 함께 음식을 나누어 먹을 만큼 신뢰하는 사람을 뜻합니다. 그런데 그런 그가 갑자기 돌변하여 자신을 향해 발꿈치를 들었다는 것입니다. '발꿈치를 드는 것' 은 당시 이스라엘 지역에서 상대를 모욕하기 위한 행동으로 그를 멸시하거나 업신여긴다는 의미를 담고 있습니다. 즉 얼마 전까지 자신과 같은 식탁에서 음식을 나누며 믿음과 신뢰를 보였던 그가 배신을 한 것입니다.

예수님께서는 다윗이 당한 그 수치가 예수님께서 겪으실 배신에 대한 예표였다고 말씀하셨습니다. 하나님께서는 구약의 위대한 인물들을 통해 예수 그리스도께서 이루실 하나님의 구원 사역을 미리 알려 주셨습니다. 그러므로 성경은 그 전체가 예수님에 관한 이야기입니다. 구약 성경은 '오실 예수님' 에 대한 예언이며, 신약 성경은 '오신 예수님' 과 '장차 다시 오실 예수님' 에 대해 말씀하고 있습니다. 이는 예수님의 십자가 사건이 만세 전부터 하나님께서 예비하신 놀라운 구원의 계획이라는 사실을 말해 줍니다.

"지금부터 일이 일어나기 전에 미리 너희에게 일러 둠은 일이 일어날 때에 내가 그인 줄 너희가 믿게 하려 함이로라" 요 13:19

예수님께서 가룟 유다의 배반을 미리 말씀하신 이유는 예수님께서 십자가에 달리셨을 때 예수님이야말로 성경이 예언한 진정한 메시아이심을 알게 하시기 위함이었습니다. 제자들은 오랫동안 예수님을 따르며 가르침을 받았지만 예수님의 고난을 이해하지 못했습니다. 제자들은 여전히 승리와 영광의 메시아만을 그 마음속에 품고 있었기 때문입니다.

고난을 무시하고 축복만을 추구하는 신앙은 자칫 기복신앙으로 변질될 우려가 있습니다. 참된 축복은 언제나 고난 후에 다가옵니다. 십자가의 고난이 있었기에 부활의 영광이 있는 것입니다. 예수님의 십자가 고난은 온 인류를 구원의 길로 인도하기 위한 하나님의 계획이었습니다. 그러므로 예수님을 믿고 따르는 사람들은 예수님을 본받아 내 가족과 이웃을 위한 십자가를 져야 합니다. 그렇게 할 때 우리로 인하여 우리 자신은 물론이거니와 가족과 이웃, 친구, 직장 동료, 우리 민족, 더 나아가 온 세상 모든 사람들이 하나님의 복을 누리게 될 것입니다.

우리가 예수님의 십자가 고난에 동참해야 하는 이유는 예수님께서 우리를 세상에 보내셨기 때문입니다.

우리가 예수님의 십자가 고난에 동참해야 하는 이유는 예수님께서 우리를 세상에 보내셨기 때문입니다. 오늘날에는 국가 간에 대사를 파견하여 해당 국가에 거주하는 자국민들을 보호합니다. 대사는 파견된 나라에서 자국의 최고 통치자로부터 모든 권한을 위임받아 업무를 수행합니다. 예수님께 보냄을 받은 우리가 바로 이러한 예수님의 대사들입니다. 우리가 십자가 고난에 동참하는 것은 예수님을 대신하여 이 땅에서 하나님 나라 확장의 임무를 수행하는 것입니다. 예수님께서 제자들에게 보이신 '섬김' 의 삶이야말로 우리가 감당해야 할 십자가 고난의 삶입니다.

"내가 진실로 진실로 너희에게 이르노니 내가 보낸 자를 영접하는 자는 나를 영접하는 것이요 나를 영접하는 자는 나를 보내신 이를 영접하는 것이니라" 요 13:20

예수님께서는 보냄 받은 자를 영접하는 것은 곧 예수님을 영접하는 것이기에 그를 영접하지 않는 것은 곧 예수님을 영접하지 않는 것이며, 하나님을 영접하지 않는 것이라고 말씀하셨습니다. 존 비비어 목사님은 이에 대해 다음과 같이 말했습니다.

"예수님은 '너희는 나를 알지 못하고 내 아버지도 알지 못하는도다 나를 알았더라면 내 아버지도 알았으리라' (요 8:19)고 말씀하셨다. 하나님 아버지를 아는 사람은 그분이 보내시는 사람들 속에 나타나는 권위도 알아차리게 된다. 같은 사역자가 아프리카에 가면 맹인이 눈을 뜨고, 걷지 못하던 이가 일어나 걷고, 듣지 못하던 이가 듣는 기적이 일어나는데, 그가 미국에 오면 두통이나 요통의 치유밖에 나타나지 않는 까닭이 있다. 아프리카에서는 모든 사역자를 하나님께서 보내신 사람으로 영접한다. 그렇게 영접하고 공경하기에 수많은 사람들이 하나님의 능력과 임재의 복을 받게 되는 것이다. 보냄을 받은 사람을 영접하는 것은 곧 그를 보내신 이를 영접하는 것이기 때문이다."

우리는 세상의 박해를 두려워할 필요가 없습니다. 예수님께서 우리를 보내셨기에 우리와 끝까지 함께하시며 우리의 모든 삶을 반드시 책임져 주실 것입니다. 그러므로 예수 그리스도의 대사로서 세상을 향해 담대하게 복음을 전파하시기 바랍니다.

2. 한 제자의 배반을 예언하심

"예수께서 이 말씀을 하시고 심령이 괴로워 증언하여 이르시되 내가 진실로 진실로 너희에게 이르노니 너희 중 하나가 나를 팔리라 하시니" 요 13:21

예수님께서는 제자 중 하나가 자신을 팔 것을 말씀하시면서 괴로움을 느끼셨습니다. 예수님께서는 삼년 반 동안이나 가룟 유다를 옆에 두시고 그를 사랑하셨습니다. 가룟 유다는 예수님과 제자들의 사역에 필요한 재정을 관리하는 일을 맡고 있었습니다. 이는 예수님께서 그에게 얼마나 큰 믿음과 사랑을 주셨는지 보여 줍니다.

"어떤 이들은 유다가 돈궤를 맡았으므로 명절에 우리가 쓸 물건을 사라 하시는지 혹은 가난한 자들에게 무엇을 주라 하시는 줄로 생각하더라" (요 13:29)

예수님께서는 가룟 유다의 어리석음과 연약함을 아시면서도 그의 그러한 모습을 끝까지 인내하셨습니다. 예수님께서 이 땅에 오신 목적이 바로 한 사람도 빠짐없이 모두 구원하시는 것이었기 때문입니다.

"하나님은 모든 사람이 구원을 받으며 진리를 아는 데에 이르기를 원하시느니라" (딤전 2:4)

"제자들이 서로 보며 누구에게 대하여 말씀하시는지 의심하더라 예수의 제자 중 하나 곧 그가 사랑하시는 자가 예수의 품에 의지하여 누웠는지라" 요 13:22-23

예수님께서 말씀을 마치시자 제자들은 서로를 의심의 눈으로 바라보기 시작했습니다. 그들 중에는 '예수님께서 사랑하시는 제자', 즉 사도 요한도 있었습니다. 전승에 따르면 사도 요한은 열두제자들 중에 유일하게 순교당하지 않은 것으로 전해지고 있습니다. 그는 로마 제국에 의해 밧모섬으로 유배당하여 오랜 시간을 보내게 되는데, 그곳에서 하나님으로부터 계시를 받고 기록한 책이 바로 요한계시록입니다. 비록 사도 요한은 순교를 당하지는 않았지만 그 역시 다른 제자들 못지않게 많은 어려움을 겪어야 했습니다.

바로 이 제자가 예수님 옆에 누워 있었습니다. 여기서 '누웠다'라는 표현은 당시의 유월절 식사 풍습을 표현한 것입니다. 당시에는 낮은 식탁 주위로 방석이 배치되어 있었고 사람들은 상체는 식탁 쪽에, 발은 식탁 반대쪽을 향하게 하여 비스듬히 누운 채로 식사를 했습니다. 본문의 표현은 요한의 독특한 행동을 말하는 것이 아니라 자연스러운 식사 풍경을 묘사한 것입니다. 레오나르도 다빈치가 그린 '최후의 만찬'에는 예수님과 제자들이 식탁에 나란히 앉아서 식사를 한 것처럼 묘사되어 있는데 이는 당시의 풍습을 제대로 반영하지 않은 것입니다.

"시몬 베드로가 머릿짓을 하여 말하되 말씀하신 자가 누구인지 말하라 하니 그가 예수의 가슴에 그대로 의지하여 말하되 주여 누구니이까" 요 13:24-25

예수님께서 제자 중 한 사람이 예수님을 팔 것이라고 말씀하시자, 베드로가 사도 요한을 부추겨 그러한 일을 할 제자가 누구인지

여쭈어 보라고 했습니다. 이에 요한은 식사하던 자세 그대로 예수님께 "주여, 우리 중에서 누가 주님을 팔겠습니까?"라고 여쭈었습니다. 제자들은 배신자로 인해 예수님께서 당하게 되실 일보다는 그러한 일을 할 제자가 누구이며 자신들에게 어떤 영향을 줄 것인가에 더 관심이 있었습니다. 그들은 여전히 사기중심적인 생각을 버리지 못했습니다. 예수님께서는 이처럼 부족한 제자들을 끝까지 사랑으로 감싸 주셨습니다.

> 예수님께서는 그런 부족한 제자들을 끝까지 사랑으로 감싸 주셨습니다.

3. 사탄에 사로잡힌 유다

> "예수께서 대답하시되 내가 떡 한 조각을 적셔다 주는 자가 그니라 하시고 곧 한 조각을 적셔서 가룟 시몬의 아들 유다에게 주시니" 요 13:26

예수님께서는 요한에게 대답을 하신 후에 떡 한 조각을 적셔 가룟 유다에게 주셨습니다. 유월절 만찬을 행하고 있던 식탁에는 풍성한 음식이 준비되어 있었습니다. 그중에는 공동으로 먹는 떡과 그 떡을 찍어 먹는 신포도주가 있었습니다. 보통 만찬의 주최자는 떡을 신포도주에 찍어 손님들에게 주었습니다. 따라서 예수님의 이러한 행동을 본 제자들은 가룟 유다가 예수님을 팔 자라고 생각하지는 못했을 것입니다.

하지만 몇몇 학자들은 예수님께서 유다를 지목하시기 위해 떡을 찍어 주신 것이 유다에게 주어진 마지막 기회라고 해석하기도 합니다. 예수님께서는 그가 악한 생각을 돌이키고 참제자의 모습으로 돌아오기를 바라는 마음에 주인이 귀한 손님을 대접할 때처럼 떡을 취해 그에게 주셨다는 것입니다. 그러나 그 떡을 받은 유다의 행동은 전혀 다른 방향으로 흘러갔습니다.

"조각을 받은 후 곧 사탄이 그 속에 들어간지라 이에 예수께서 유다에게 이르시되 네가 하는 일을 속히 하라 하시니" 요 13:27

가룟 유다가 예수님께 떡 조각을 받는 그 순간 사탄이 그에게로 들어갔습니다. 하지만 유다에게는 여전히 하나님께서 주신 자유의지가 있었습니다. 그가 이 자유의지를 통해 마귀를 대적하였다면 그때라도 충분히 악한 길에서 돌이킬 수 있었습니다. 그러나 유다는 그렇게 하지 않았습니다.

예수님께서는 사탄의 유혹에 마음을 빼앗긴 가룟 유다에게 "네가 하려는 일을 속히 하라."고 말씀하셨습니다. 이는 "어서 가서 나를 팔라."는 의미가 아니라, "하나님의 편에 설 것인지, 사탄의 편에 설 것인지를 속히 결정하라."는 말씀이었습니다. 예수님께서는 유다의 결단을 촉구하신 것입니다.

우리는 하나님을 믿는 믿음 안에서 마귀를 대적할 수 있습니다. 마귀는 언제나 도둑질하고 죽이고 멸망시키기 위해 우리를 찾아오지만 우리는 하나님께서 주시는 믿음으로 담대히 마귀를 대적할 수 있습니다. 야고보서 4장 7절은 "그런즉 너희는 하나님께 복종할지어다 마귀를 대적하라 그리하면 너희를 피하리라"고 말씀합니다. 우리가 마귀와 싸우기로 작정하기만 하면 하나님께서 역사하셔서 우리를 승리의 길로 인도하십니다. 요한일서 4장 4절은 "자녀들아 너희는 하나님께 속하였고 또 그들을 이기었나니 이는 너희 안에 계신 이가 세상에 있는 자보다 크심이라"고 말씀합니다. 여기서 세상에 있는 자는 원수 마귀와 마귀의 지배 아래 있는 자들을 말합니다. 우리는 대적 마귀와 하나님을 거역하는 세상이 아무리 우리를 둘러싸고 공격해도 결코 두려워할 필요가 없습니다. 우리는 하나님께 속해 있고 우리 안에 성령으로 와 계신 예수님께서 우리에게 항상 승리를 주시기 때문입니다.

> 우리는 하나님을 믿는 믿음 안에서 마귀를 대적할 수 있습니다.

"이 말씀을 무슨 뜻으로 하셨는지 그 앉은 자 중에 아는 자가 없고" 요 13:28

예수님께서 가룟 유다를 향해 의미심장한 말씀을 하셨지만, 제자들은 그 말씀의 의미는 고사하고 지금 이 자리가 마지막 만찬이 될 것이라는 사실조차 전혀 모르고 있었습니다. 예수님께서 배신자에 관해 언급하시자 분위기가 잠시 술렁이기도 했고, 예수님의 말씀을 들은 가룟 유다가 갑자기 자리를 떠났지만 제자들은 여전히 평소와 다르지 않은 모습으로 식사를 했습니다.

"어떤 이들은 유다가 돈궤를 맡았으므로 명절에 우리가 쓸 물건을 사라 하시는지 혹은 가난한 자들에게 무엇을 주라 하시는 줄로 생각하더라" 요 13:29

제자들은 나름대로 가룟 유다의 행동을 이해했습니다. 그러나 그들의 생각은 인간이 지닌 이해력의 한계를 넘어서지 못했습니다. 제자들에게 있어 예수님의 십자가 고난은 도저히 일어날 수 없는 일이었습니다. 그래서 그들은 가룟 유다가 자리를 비우자, 예수님께서 그에게 명절에 쓸 물건을 사거나 가난한 자들을 구제하는 사역을 준비하라고 하신 것으로 생각했습니다.

예수님의 길은 외로운 길이었습니다. 삼 년 반 동안이나 예수님과 동고동락한 제자들 중 어느 누구도 예수님의 대속의 죽음을 이해하지 못했습니다. 예수님께서는 제자들과 마지막 만찬 자리에서 그들의 발을 씻기시며 십자가의 고난을 준비하셨지만, 제자들은 예수님께서 죽으시고 부활하신 이후에야 그 의미를 알게 되었습니다.

"유다가 그 조각을 받고 곧 나가니 밤이러라" 요 13:30

가룟 유다는 예수님께서 주신 기회를 저버리고 사탄의 편에 서는 것을 택하였습니다. 물론 사탄이 유다의 마음속에 이미 자리를 잡고 있기는 했지만, 결정적으로 사탄을 따르기로 한 것은 유다

〈최후의 만찬 장소로 알려진 곳〉

자신의 의지적인 결정이었습니다. 유다가 나간 시간은 '밤' 이었습니다. 이는 그의 선택이 가져올 비극을 미리 암시하는 것이었습니다. 앞서 예수님께서는 자신을 '세상의 빛' 으로 소개하셨습니다(요 8:12). 빛은 낮을 의미하며 예수님의 때를 나타냅니다. 이와 반대로 밤은 어둠을 상징하며 죄와 사망의 권세가 득세하는 때를 나타냅니다. 요한복음은 빛과 어둠, 낮과 밤의 대조를 통해 예수님의 십자가 고난이 멀지 않았음을 우리에게 알려 주고 있습니다. 이에 대해 워렌 위어스비 목사님은 이렇게 말했습니다.

"'밤이러라' 는 표현은 '빛과 어두움' 이 요한복음의 중요한 상징임을 기억할 때, 큰 충격을 주는 말이다. 예수님께서는 '세상의 빛' 이셨건만, 유다는 그 예수님을 거절하고 '어두움' 으로 나아갔다. 그리하여 유다에게는 여전히 밤의 어두움만이 있을 뿐이었다."

사랑하는 여러분, 자유의지는 하나님의 놀라운 선물입니다. 우리가 자유의지를 어떻게 사용하느냐에 따라 우리의 삶은 축복의 삶이 될 수도 있고 비극적인 삶이 될 수도 있습니다. 선택은 우리의 몫입니다. 그러나 하나님께서는 우리가 우리의 삶 속에서 언제나 하나님을 기쁘시게 하는 빛의 길을 선택하기를 바라신다는 사실을 기억하시기 바랍니다.

우리가 어려운 환경 속에서도 포기하지 않고 절대 긍정과 절대 감사의 마음을 가질 때, 우리는 빛의 길을 선택한 것입니다. 절망과 낙심은 마귀가 원하는 어둠의 일입니다. 그러므로 빛의 길을 택하여 마귀와 맞서 싸우시기 바랍니다. 마귀를 대적하여 세상의 어두움을 비추고 죄와 절망을 몰아내시기 바랍니다. 하나님께서 여러분의 삶을 더욱 풍성하게 채워 주실 것입니다.

묵상을 위한 질문

1. 예수님께서 제자들에게 십자가 고난에 관해 미리 말씀하신 이유는 무엇 때문이었습니까(요 13:19)?

2. 예수님께서 배신자에 관해 말씀하실 때 그 심정이 어떠했습니까(요 13:21)?

3. 예수님께서는 배신자를 가리키기 위해 어떤 행동을 취하셨으며, 그 행동이 본래 의미하는 것은 무엇입니까(요 13:26)?

4. 가룟 유다가 예수님으로부터 떡을 받은 후 그에게 어떤 일이 일어났습니까(요 13:27)?

5. 가룟 유다는 제자들 사이에서 어떤 임무를 맡았으며, 그것으로 보아 예수님께서는 그를 어떻게 생각하셨다고 보십니까(요 13:29)?

6. 요한복음에서 '밤'은 무엇을 의미합니까(요 13:30)?

7. 당신은 빛 되신 예수님을 따라 행하기 위해 어떤 노력을 하고 있습니까?

암송 성구

"내가 진실로 진실로 너희에게 이르노니 내가 보낸 자를 영접하는 자는 나를 영접하는 것이요 나를 영접하는 자는 나를 보내신 이를 영접하는 것이니라"
요 13:20

서로
사랑하라

요 13:31-38

"그가 나간 후에 예수께서 이르시되 지금 인자가 영광을 받았고 하나님도 인자로 말미암아 영광을 받으셨도다 만일 하나님이 그로 말미암아 영광을 받으셨으면 하나님도 자기로 말미암아 그에게 영광을 주시리니 곧 주시리라 작은 자들아 내가 아직 잠시 너희와 함께 있겠노라 너희가 나를 찾을 것이나 일찍이 내가 유대인들에게 너희는 내가 가는 곳에 올 수 없다고 말한 것과 같이 지금 너희에게도 이르노라 새 계명을 너희에게 주노니 서로 사랑하라 내가 너희를 사랑한 것같이 너희도 서로 사랑하라 너희가 서로 사랑하면 이로써 모든 사람이 너희가 내 제자인 줄 알리라 시몬 베드로가 이르되 주여 어디로 가시나이까 예수께서 대답하시되 내가 가는 곳에 네가 지금은 따라올 수 없으나 후에는 따라오리라 베드로가 이르되 주여 내가 지금은 어찌하여 따라갈 수 없나이까 주를 위하여 내 목숨을 버리겠나이다 예수께서 대답하시되 네가 나를 위하여 네 목숨을 버리겠느냐 내가 진실로 진실로 네게 이르노니 닭 울기 전에 네가 세 번 나를 부인하리라"

48

새 계명

——— 예수님께서는 유월절 전날 제자들과 함께하는 마지막 시간을 보내셨습니다. 이때 예수님께서는 제자들의 발을 씻기시며 섬김의 모범을 몸소 보여 주셨습니다. 그리고 예수님께서 배신자에 관해서 언급하시자 가룟 유다는 자리를 비우고 어디론가 사라져 버렸습니다. 그러한 상황 속에서 예수님께서는 제자들을 향해 십자가를 지시기 전 마지막 가르침을 주셨습니다. 그것은 '서로 사랑하라'는 것이었습니다. 예수님께서는 이것을 새 계명이라고 말씀하셨습니다. 이는 '하나님 사랑'과 '이웃 사랑'을 가장 큰 계명이라고 하셨던 예수님의 말씀을 떠올리게 합니다. 예수님께서는 우리가 사랑으로 하나 되기를 원하셨던 것입니다.

1. 영광 받으신 인자

"그가 나간 후에 예수께서 이르시되 지금 인자가 영광을 받았고 하나님도 인자로 말미암아 영광을 받으셨도다" 요 13:31

예수님의 고난은 곧 하나님의 뜻을 이루는 것이었습니다. 따라서 예수님께서는 십자가 고난을 통해 먼저 예수님 자신이 영광을 받으셨고, 하나님께서도 영광을 받으셨다고 말씀하셨습니다. 그런데 이때는 십자가의 고난을 받으시기 전임에도 불구하고 예수님께서는 '영광을 받을 것이다'라고 말씀하시지 않고 '영광을 받았다'라고 말씀하셨습니다. 이는 가룟 유다가 자리를 떠남으로 말미암아 십자가를 통한 하나님의 구원 계획이 이미 시작되었음을 나타내기 위함이었습니다. 즉, 유다가 자신의 계획을 실행하기 위해 문을 나서는 그 순간 십자가 사건은 시작된 것이었습니다.

가룟 유다가 만찬석상에서 나가자 이제 그곳에는 예수님과 열한 명의 제자만 남게 되었습니다. 이때부터 예수님께서는 본격적으로 제자들을 향한 가르침을 시작하셨습니다. 그래서 사람들은 요한복음 13장 31절부터 17장 26절을 '다락방 강화', 또는 '고별 설교'라고 부르기도 합니다. 이 가르침은 예수님께서 십자가에 달려 돌아가시기 전 제자들에게 주는 마지막 말씀이었습니다. 이런 중요한 자리에 가룟 유다는 없었습니다. 왜냐하면 그는 이미 자신의 마음을 사탄에게 주었기 때문이었습니다. 가룟 유다는 처음부터 예수님을 혁명가로 바라본 것으로 보입니다. 그래서 그는 예수님의 고난을 이해하지 못했습니다. 그가 생각한 예수님은 군대를 일으켜 로마 정부를 무찌르고 이스라엘을 해방시키는 사람이었습니다. 그런데 예수님께서 혁명을 일으키려 하지는 않으시고 오히려 낮고 천한 사람들과 어울리며 사랑과 용서를 말씀하시니, 그는 결국 예수님을 팔기로 결정하고 그 곁을 떠난 것입니다.

그런데 예수님께서는 십자가의 고난이야말로 예수님 자신에게 영광스러운 일이며 동시에 하나님께 영광을 돌리는 일이라고 말씀하셨습니다. 예수님의 부활로 말미암아 고난의 십자가는 곧 영광의 십자가가 될 것이기 때문이었습니다. 십자가 죽음 후에 영광스러운 부활이 다가오기 때문이었습니다. 이것은 우리 그리스도인의 삶에서도 동일하게 적용되는 진리입니다. 그리스도를 위한 고난 후에는 반드시 부활의 영광이 다가옵니다. 따라서 지금의 환난과 고난은 장차 있을 영광을 위한 준비 과정임을 잊어서는 안 됩니다. 고난의 십자가를 짊어져야만 부활의 영광에도 참여할 수 있습니다. 메릴 테니는 이에 대해 "역설적으로 예수님의 '자기 비하'의 순간이 바로 가장 위대한 영광의 순간이 된다는 사실을 기억하라."

고 말했습니다.

"만일 하나님이 그로 말미암아 영광을 받으셨으면 하나님도 자기로 말미암아 그에게 영광을 주시리니 곧 주시리라" 요 13:32

예수님께서는 자신을 통해 영광을 받으신 하나님께서 곧 예수님을 영화롭게 하실 것이라고 말씀하셨습니다. 이는 예수님의 십자가 고난으로 하나님께서 영광을 받으실 것이며 곧이어 부활과 승천을 통해 하나님께서 예수님을 영화롭게 하실 것이라는 의미였습니다. 하지만 가룟 유다는 예수님과 오랜 시간 함께했음에도 불구하고 이 사실을 깨닫지 못했습니다.

오늘날 믿음의 공동체에도 가룟 유다와 같은 사람이 있을 수 있습니다. 예수님을 믿고 예수님을 구주로 고백하지만 늘 부정적인 사고에 사로잡혀 불평과 원망으로 가득한 사람이 바로 가룟 유다와 같은 사람입니다. 그런 사람은 모든 것을 부정적으로 바라보며 자기중심적으로 생각합니다. 그래서 열심히 신앙생활을 하는 것 같지만 가는 곳마다 문제를 일으킵니다. 이런 사람은 결국 함께 신앙생활을 하는 성도들에게 아픔과 상처를 줍니다. 주님의 뜻을 깨닫지 못한 사람이 가지고 있는 교회를 향한 열심은 결국 교회를 무너뜨리는 사탄의 도구로 전락하고 맙니다.

제가 미국에서 사역할 때 한 개척 교회를 방문한 적이 있습니다. 그곳은 20여 명 정도 모이는 작은 규모의 교회였는데 상가 한 층을 임대해서 예배당으로 사용하고 있었습니다. 여느 개척 교회가 그렇듯이, 그 교회도 개척 이후 재정적으로 어려운 시간을 보냈습니다. 그런데 언제부터인가 교인 수가 크게 늘지 않았는데도 재정이 부족하지 않게 되었습니다. 나중에 알고 보니 회계를 맡은 집사님께서 아무도 모르게 교회의 부족한 재정을 채워 놓으셨던 것입니다. 회계 집사님은 그 사실을 담임 목사님께 비밀로 해 줄 것을 간곡히 부탁하고는 언제나 조용히 기쁜 마음으로 교회를 섬겼다고 합니다. 저는 이 이야기를 듣고 큰 감동을 받았습니다. 자신의 이익을 추구하고 사람들에게 인정받고자 하는 것이 아니라 남들 모르게 헌신하는 집사님의 모습을 통해 참제자의 모습을 볼 수 있었기 때문입니다.

우리의 믿음이 순수함을 잃어버리면 그 믿음조차 성공을 위한 도구가 될 뿐입니다. 가룟 유다는 예수님을 믿었지만 그 믿음은 자신이 바라는 혁명을 위한 도구에 지나지 않았습니다. 진정한 기쁨은 순수한 섬김과 희생으로부터 나옵니다. 대가를 바라지 않는 희생으로부터 하나님의 축복이 시작된다는 것을 기억하시기 바랍니다.

> **우리의 믿음이 순수함을 잃어버리면 그 믿음조차 성공을 위한 도구가 될 뿐입니다.**

“작은 자들아 내가 아직 잠시 너희와 함께 있겠노라 너희가 나를 찾을 것이나 일찍이 내가 유대인들에게 너희는 내가 가는 곳에 올 수 없다고 말한 것과 같이 지금 너희에게도 이르노라” 요 13:33

예수님께서는 제자들에게 다시 한 번 십자가 고난 이후의 죽음에 대해 말씀하셨습니다. ‘아직 잠시’라는 표현은 이제 제자들과 함께 있을 시간이 얼마 안 남았다는 것을 나타냅니다. 그리고 ‘작은 자들아’라는 말은 아버지가 자신의 자녀들을 부를 때 사용하는 표현입니다. 즉, 예수님께서는 임박한 고난의 때를 말씀하시면서 아버지가 자녀를 대함같이 제자들을 대하신 것입니다. 유월절을 맞이하여 온 가족이 함께 모여 식사를 하듯이 예수님께서는 제자들과 함께 영적 아버지와 자녀로서 식사를 하신 것입니다. 하지만 그 시간도 얼마 남지 않게 되었습니다. 예수님께서는 곧 제자들과 이별을 해야만 하셨습니다. 이에 관해 A. W. 토저 목사님은 다음과 같이 말했습니다.

“그리스도는 인간이 되기 위해 태어나셨다. 그리고 그분이 인간이 되신 것은 많은 사람들을 위해 자신을 대속물로 주시기 위함이었다. 그리스도의 탄생은 십자가에서 돌아가시기 위함이었고, 그리스도의 죽음은 속죄를 위함이었고, 그리스도의 부활은 그분을 피난처로 삼는 모든 사람을 값없이 의롭다 칭하기 위함이었다.”

이처럼 예수님께서는 우리들을 위해 철저하게 십자가 고난의 길을 가셨습니다. 우리의 모든 삶이 바로 예수님께서 십자가 고난을 통해 값없이 베푸신 은혜로 말미암은 것입니다.

2. 서로 사랑하라

"새 계명을 너희에게 주노니 서로 사랑하라 내가 너희를 사랑한 것 같이 너희도 서로 사랑하라 너희가 서로 사랑하면 이로써 모든 사람이 너희가 내 제자인 줄 알리라" 요 13:34-35

예수님께서는 예수님께서 제자들을 떠날 시간이 임박했다는 말씀을 듣고 두려움에 사로잡힌 제자들을 향해 '새 계명'을 주셨습니다. 그것은 바로 '서로 사랑'이었습니다.

구약에서 율법으로 분류되는 항목은 총 613가지가 있습니다. 그 중에 365개의 계명은 금지 계명이고, 나머지 248개의 계명은 무엇인가를 하라는 계명입니다. 이러한 구약의 모든 계명을 전부 지킨다는 것은 사실상 불가능합니다. 그런데 예수님께서는 구약의 이러한 계명들을 뛰어넘는 진정한 새 계명을 제자들에게 주셨습니다. 그것이 바로 '사랑의 계명'입니다.

마가복음 12장 28절부터 34절을 보면 예수님께 가장 큰 계명이 무엇이냐고 묻는 서기관이 등장합니다. 예수님께서는 그에게 "하나님을 사랑하고 이웃을 사랑하라 하신 것이다."라고 말씀하셨습니다(막 12:29-31). 즉, 구약의 모든 계명은 '하나님을 사랑하고 이웃을 사랑하라'는 '사랑의 계명'으로 요약될 수 있다는 것입니다. 그리고 예수님께서는 그 사랑의 기준은 예수님께서 제자들을 사랑하신 그 사랑이라고 말씀하셨습니다.

그렇다면 예수님의 사랑은 어떠한 사랑입니까? 언제나 값없이 베풀어 주시는 사랑입니다. 흔히 부모님의 사랑을 '내리사랑'이라고 말합니다. 예수님의 사랑은 더욱 그러합니다. 예수님의 사랑은 어리석고 이기적인 모습의 제자들을 끊임없이 사랑하시고 품어 주시는 '내리사랑'이었습니다. 그리고 이러한 예수님의 조건 없는 사랑이 바로 우리가 이웃과 나누어야 할 사랑입니다. 사도행전 4장 32절은 예수님의 새 계명을 삶에서 실천한 공동체의 모습을 말씀해 주고 있습니다.

"믿는 무리가 한마음과 한 뜻이 되어 모든 물건을 서로 통용하고 자기 재물을 조금이라도 자기 것이라 하는 이가 하나도 없더라"

초대 교회 공동체는 예수님의 사랑을 따라 살기 원하는 사람들의 모임이었습니다. 그들은 세상의 온갖 박해에도 불구하고 서로를 사랑하며 살았습니다. 사도행전은 그들이 서로의 필요와 쓸 것을 사랑으로 채워 주며 함께 살았다고 말씀하고 있습니다. 그들이 주고받은 것은 물질이 아니라 서로를 아끼고 사랑하는 마음이었습니다. 미국 윌로우크릭교회의 빌 하이벨스 목사님은 '교회가 아름다운 까닭'을 이렇게 말했습니다.

"교회가 아름다운 것은 성령님께서 넉넉하게 사는 사람들을 불러 아낌없이 후히 나누게 하시는 동시에 어려움에 처한 이들을 불러 감사의 마음으로 남의 도움을 받게 하시기 때문이다. 주는 사람들은 뜻밖의 상황에 처한 사람들을 보면서 자기도 그런 어려운 상황에 처할 수 있다는 생각으로 겸손하게 주는 것이고, 받는 사람들은 언젠가 자신도 하나님께서 주시는 복으로 풍성하게 되어 남에게 줄 것이 있게 되기를 기도하는 마음으로 받는 것이다. 이것이 바로 신앙 공동체 안에서 서로 사랑하며 사는 삶의 모습이다."

우리가 나눔에 대해 소홀히 하는 이유는 우리의 중심에 예수님이 아니라 재물이 있기 때문입니다. 하나님께서 우리를 풍성하게 채워 주시는 이유는 그것들을 부족한 사람들과 나누라고 주시는 것입니다. 여의도순복음교회는 섬기는 교회, 나누는 교회의 모범이 되도록 이제

> 사랑의 공동체를 이루는 것이야말로 교회가 추구해야 할 진정한 가치입니다.

까지 노력해 왔고, 앞으로도 최선을 다할 것입니다. 사랑의 공동체를 이루는 것이야말로 교회가 추구해야 할 진정한 가치입니다.

초대 교회 공동체의 부흥이 우리에게 말해 주는 것 또한 그와 같은 것입니다. 그들은 가진 것을 아낌없이 서로 나누었습니다. 자신의 넘침을 자랑하기보다는 다른 사람의 부족함을 채우기 위해 노력했습니다. 그 결과 그들을 박해하던 로마 제국에 복음의 문이 열리게 되었고, 유럽이 복음화되는 놀라운 역사가 나타난 것입니다.

예수님께서는 '서로 사랑'이야 말로 참된 제자의 모습이라고 말씀하셨습니다. '서로 사랑'은 예수님께서 추구하신 교회의 궁극적인 모습입니다. 그래서 사도 요한은 다음과 같이 말했습니다.

"사랑하는 자들아 우리가 서로 사랑하자 사랑은 하나님께 속한 것이니 사랑하는 자마다 하나님으로부터 나서 하나님을 알고 사랑하지 아니하는 자는 하나님을 알지 못하나니 이는 하나님은 사랑이심이라" (요일 4:7-8)

사랑은 참된 그리스도인과 그렇지 않은 사람들을 구분하는 기준이 됩니다. 왜냐하면 하나님께서는 사랑이시기 때문에 사랑을 실천하지 않는 사람은 결국 하나님을 모르는 것과 마찬가지이기 때문입니다.

"우리가 사랑함은 그가 먼저 우리를 사랑하셨음이라 누구든지 하나님을 사랑하노라 하고 그 형제를 미워하면 이는 거짓말하는 자니 보는바 그 형제를 사랑하지 아니하는 자는 보지 못하는바 하나님을 사랑할 수 없느니라" (요일 4:19-20)

초대 교회의 한 일화입니다. 이집트의 알렉산드리아에서 역병으로 많은 사람들이 죽어갈 때였습니다. 거리는 죽은 사람들로 넘쳐났지만 대부분의 사람들은 자신에게 역병이 전염되는 것이 두려워 시신에 손을 대지 못했습니다. 하지만 그리스도인들은 믿음의 형제자매는 물론이거니와 친밀한 관계가 없었던 사람들까지 정성껏 장례를 치러 주었습니다. 그 과정 중에 몇몇 사람들이 감염되어 목숨을 잃기도 했지만 그들의 행동에는 변함이 없었습니다.

이러한 초대 교회의 모습에 당시 그리스도인들을 조롱했던 이교도 루시안은 "그들(그리스도인들)이 어려운 사람들을 돕는 모습은 직접 보지 않고서는 믿기 힘들 정도이다. 그들은 남을 돕기 위해 아무것도 아끼지 않는다. 그들의 법 제정자(예수 그리스도)는 그들의 마음속에 모든 사람은 형제자매라는 사실을 심어 주었다."라는 말로 그리스도인들의 섬김과 나눔에 대한 그의 감동을 표현했습니다.

뿐만 아니라 기독교를 박해하여 '배교자'라는 별칭을 얻었던 율리아누스 황제 역시 "왜 우리들은 기독교를 성장시킨 원동력이, 우리가 겉치레일 뿐이라고 폄하한 '나그네를 친절히 대접하는 것', '죽은 사람의 무덤을 돌보는 것', 그리고 '그들의 삶에서 나타나는 성결' 임을 모르는가? 그들 가운데는 구걸하는 자가 하나도 없을 뿐만 아니라, 그들은 자신들의 공동체 안의 가난한 사람들만이 아니라 심지어는 우리 로마의 가난한 사람들까지 도와주고 있다."라고 말하며 그리스도인들의 사랑 실천만은 부인할 수 없음을 고백했습니다.

사랑은 원수의 마음까지 감동시키는 능력이 있습니다. 이는 초대 교회가 성장할 수 있었던 가장 큰 원인이었습니다. 우리는 주님 안에서 형제자매입니다. 그리고 아직 예수님을 믿지 않는 사람들도 분명히 우리가 사랑으로 섬겨야 할 대상입니다. 예수님께서 그러하셨듯이 우리가 희생과 섬김의 십자가를 지고 사랑을 실천할 때 이 세상은 그리스도의 향기로 가득하게 될 것입니다.

3. 베드로의 부인을 예언하심

> "시몬 베드로가 이르되 주여 어디로 가시나이까 예수께서 대답하시되 내가 가는 곳에 네가 지금은 따라올 수 없으나 후에는 따라오리라" 요 13:36

예수님께서 제자들을 떠나실 것이라고 하시자 베드로는 어디로 가시는지 예수님께 물었습니다. 그러자 주님께서는 "네가 지금은 나를 따라올 수 없다."라고 말씀하셨습니다. 베드로는 아직 예수님의 십자가 고난의 참의미를 이해하지 못하고 있었기 때문입니다. 그는 오순절 날 성령 침례를 받은 후에야 그 모든 것을 밝히 알게 되었습니다. 따라서 예수님께서는 그에게 "그러나 이후에는 나를 따라오리라."는 말씀을 덧붙이셨습니다.

우리에게도 잘 알려진 '쿠오 바디스'라는 영화의 한 장면은 이러한 주님의 말씀을 이해하는 데 도움을 줍니다. 이 영화의 제목은 본문에서 베드로가 예수님께 한 질문, 즉 "주여 어디로 가시나이까?"라는 뜻의 라틴어 "도미네, 쿠오 바디스?"에서 따온 것입니다. 사도행전 이후의 이야기를 담고 있는 초대 교회의 문서 중 하나인 『베드로행전』 35장을 보면 베드로가 어떻게 순교했는지 그 내용이 기록되어 있습니다. 그 이야기에 따르면 베드로가 네로 황제의 박해를 피해 로마를 떠나려 할 때 예수님께서 그에게 찾아오셨습니다. 베드로가 예수님께 "주여 어디로 가시나이까?"라고 묻자 예수님께서는 "네가 이곳을 떠나니 내가 다시 한 번 십자가에 못 박히기 위해 로마로 들어간다."라고 말씀하셨습니다. 베드로는 예수님의 대답을 듣자마자 다시 로마로 들어가 십자가에 거꾸로 못 박혔습니다. 예수님께서 십자가 고난을 받으실 때 예수님을 부인하고 떠났던 베드로였지만, 성령 충만을 받고 모든 것을 깨닫고 난 다음에는 예수님의 길을 따라 복음을 전파하다가 결국 순교자가 된 것입니다.

"베드로가 이르되 주여 내가 지금은 어찌하여 따라갈 수 없나이까 주를 위하여 내 목숨을 버리겠나이다 예수께서 대답하시되 네가 나를 위하여 네 목숨을 버리겠느냐 내가 진실로 진실로 네게 이르노니 닭 울기 전에 네가 세 번 나를 부인하리라" 요 13:37-38

베드로는 성격이 급한 사람이었습니다. 본문을 보면 그러한 베드로의 성격이 잘 나타나 있습니다. 베드로는 예수님께서 지금이 아니라 이후에 자신을 따를 수 있다고 말씀하시자, 즉시 그 말씀에 반박하며 지금이라도 목숨을 버릴 수 있다고 대답했습니다. 물론 베드로는 거짓이 아니라 예수님을 향한 순수한 열정과 충성심을 가지고 그렇게 말했습니다. 그러나 베드로는 자신의 고백을 실천할 만한 믿음과 용기가 아직 너무나 부족했습니다. 그래서 예수님께서는 이후에 있을 베드로의 배신에 관해서 말씀하셨습니다. 이는 베드로를 부끄럽게 하시려는 것이 아니라 인간의 연약함을 지적하시기 위함이었습니다. 성령님의 도움이 없이는 인간은 나약한 존재에 불과합니다. 순간적인 감정에 휩싸여 말하는 것은 쉽지만 그것을 지키기 위해 행동하는 것은 참으로 어렵습니다. 따라서 오직 주님의 은혜가 아니면 우리는 온전한 삶을 살 수가 없습니다. 우리가 살아가는 매순간이 모두 하나님의 은혜임을 기억하시기 바랍니다.

우리가 살아가는 매순간이 모두 하나님의 은혜임을 기억하시기 바랍니다.

"그러나 내가 나 된 것은 하나님의 은혜로 된 것이니 내게 주신 그의 은혜가 헛되지 아니하여 내가 모든 사도보다 더 많이 수고하였으나 내가 한 것이 아니요 오직 나와 함께 하신 하나님의 은혜로라" (고전 15:10)

사랑하는 여러분, 예수님께서 제자들에게 마지막으로 주신 계명은 '서로 사랑'이었습니다. 당시 제자들은 그 의미를 완전히 이해하지 못했지만 사도행전은 예수님께서 부활 승천하신 후 제자들이 이웃 사랑의 계명을 실천하기 위해 얼마나 노력했는지 우리에게 알려 주고 있습니다. 초대 교회는 바로 이 사랑의 실천으로 말미암아 로마를 비롯하여 전 유럽을 복음화 하는 데 성공했습니다. 이는 기독교 정신의 근본이 바로 사랑이라는 사실을 우리에게 알려 줍니다. 이것은 우리가 억지로 지켜야 할 율법이나 조항이 아니라 하나님을 사랑하는 사람이라면 마땅히 행해야 할 당연한 일입니다.

왜냐하면 이웃 사랑은 하나님을 사랑하는 하나의 방법이기 때문입니다. 그래서 예수님께서는 우리가 서로를 사랑할 때 예수님의 참 제자가 된다고 말씀하셨습니다. 그러므로 예수님의 길을 따라 우리의 이웃을 사랑함으로 말미암아 하나님의 큰 복을 누리는 여러분 되시기 바랍니다.

묵상을 위한 질문

1. 예수님께서는 가룟 유다가 밖으로 나가는 것을 보시고 무엇이라고 말씀하셨으며, 그 의미는 무엇입니까(요 13:31)?

2. 예수님께서 말씀하신 새 계명은 무엇입니까(요 13:34)?

3. 우리가 예수님의 계명을 지킬 때 어떤 일이 일어납니까(요 13:35)?

4. 예수님께서 제자들이 지금은 예수님을 따라올 수 없다고 말씀하시자 베드로는 어떤 반응을 보였습니까(요 13:37)?

5. 베드로의 반응을 본 예수님께서는 베드로에게 무엇이라고 말씀하셨습니까(요 13:38)?

6. 가룟 유다의 배반과 베드로의 배반은 각각 어떤 공통점과 차이점이 있습니까?

암송 성구

"새 계명을 너희에게 주노니 서로 사랑하라 내가 너희를 사랑한 것같이 너희도 서로 사랑하라" 요 13:34

"내가 곧 길이요 진리요 생명이니
나로 말미암지 않고는
아버지께로 올 자가 없느니라"

Chapter

14

A Commentary on the Gospel of John

길이요 진리요 생명이신 예수님

길이요 진리요 생명 (요 14:1-14)

또 다른 보혜사 (요 14:15-24)

그리스도의 평화(요 14:25-31)

John

요 14:1-14

“너희는 마음에 근심하지 말라 하나님을 믿으니 또 나를 믿으라 내 아버지 집에 거할 곳이 많도다 그렇지 않으면 너희에게 일렀으리라 내가 너희를 위하여 거처를 예비하러 가노니 가서 너희를 위하여 거처를 예비하면 내가 다시 와서 너희를 내게로 영접하여 나 있는 곳에 너희도 있게 하리라 내가 어디로 가는지 그 길을 너희가 아느니라 도마가 이르되 주여 주께서 어디로 가시는지 우리가 알지 못하거늘 그 길을 어찌 알겠사옵나이까 예수께서 이르시되 내가 곧 길이요 진리요 생명이니 나로 말미암지 않고는 아버지께로 올 자가 없느니라 너희가 나를 알았더라면 내 아버지도 알았으리로다 이제부터는 너희가 그를 알았고 또 보았느니라 빌립이 이르되 주여 아버지를 우리에게 보여 주옵소서 그리하면 족하겠나이다 예수께서 이르시되 빌립아 내가 이렇게 오래 너희와 함께 있으되 네가 나를 알지 못하느냐 나를 본 자는 아버지를 보았거늘 어찌하여 아버지를 보이라 하느냐 내가 아버지 안에 거하고 아버지는 내 안에 계신 것을 네가 믿지 아니하느냐 내가 너희에게 이르는 말은 스스로 하는 것이 아니라 아버지께서 내 안에 계셔서 그의 일을 하시는 것이라 내가 아버지 안에 거하고 아버지께서 내 안에 계심을 믿으라 그렇지 못하겠거든 행하는 그 일로 말미암아 나를 믿으라 내가 진실로 진실로 너희에게 이르노니 나를 믿는 자는 내가 하는 일을 그도 할 것이요 또한 그보다 큰일도 하리니 이는 내가 아버지께로 감이라 너희가 내 이름으로 무엇을 구하든지 내가 행하리니 이는 아버지로 하여금 아들로 말미암아 영광을 받으시게 하려 함이라 내 이름으로 무엇이든지 내게 구하면 내가 행하리라”

49

길이요 진리요 생명

—— 예수님과 제자들의 마지막 만찬 시간은 극적으로 진행되고 있었습니다. 예수께서는 제자들의 발을 씻기셨고, 고별 설교를 하셨습니다. 가룟 유다는 만찬 자리를 박차고 나갔고, 수제자 베드로에게는 예수님을 부인할 것이라는 예수님의 예고가 주어졌습니다. 여전히 영적으로 무지하고 믿음이 연약한 제자들이 감당하기에는 쉽지 않은 사건들이 하룻밤 사이에 일어나고 있었습니다. 그러나 만찬 자리에서 예수님께서 하신 말씀과 보여 주신 행동은 즉흥적이거나 갑작스러운 것이 아니었습니다. 예수님께서는 삼 년 반의 공생애 기간 동안 가르치셨던 말씀과 행하셨던 일들의 참 의미를 제자들로 하여금 깨닫게 하시는 '복습의 시간'을 갖고 계셨습니다. 또한 이날 밤 제자들은 무지했을지라도 인류를 구원하

시고자 하시는 하나님의 계획과 섭리는 한 치의 오차도 없이 진행되고 있었습니다.

1. 근심하지 말고 믿으라

"너희는 마음에 근심하지 말라 하나님을 믿으니 또 나를 믿으라"
요 14:1

예수님의 고별 설교를 들은 제자들은 '정말 예수님께서 우리들을 떠나시면 어떻게 하지?'라는 생각이 들면서 점점 불안해지기 시작했습니다. 예수님께서는 그런 제자들을 향해 "근심하지 말고 나를 믿으라."고 말씀하셨습니다.

> 마음의 근심을 물리치는 것이 바로 믿음입니다.

마음의 근심을 물리치는 것이 바로 믿음입니다. 예수님께서는 하나님을 믿는 것처럼 자신을 믿으라고 말씀하셨는데, 이는 예수님 자신이 바로 하나님이심을 강조하신 것입니다. 우리는 하나님을 볼 수 없다고 해서 불안해하거나 근심하지 않습니다. 왜냐하면 하나님께서 살아 계심을 믿기 때문입니다. 이와 같은 이치로 예수님께서는 제자들이 살아 계신 하나님을 믿는 동일한 믿음으로 예수님을 믿기 원하셨습니다. 왜냐하면 그러한 믿음을 가지고 있으면 예수님께서 십자가에서 죽음을 당하시고 부활, 승천하셔서 제자들의 곁을 떠나신다고 할지라도 그들은 두려워하거나 염려하지 않게 될 것이기 때문입니다.

또한 우리가 주목해야 할 것은 걱정과 근심은 우리 마음속에 두려움을 가져온다는 사실입니다. 요한일서 4장 18절은 "사랑 안에 두려움이 없고 온전한 사랑이 두려움을 내쫓나니 두려움에는 형벌이 있음이라 두려워하는 자는 사랑 안에서 온전히 이루지 못하였느니라"고 말씀합니다. 두려움은 우리로 하여금 사랑을 이루지 못하게 합니다. 마음속의 두려움이 미움을 가져오고 그 미움이 우리 안에 분노를 심어 놓습니다. 결국 분노는 다툼을 일으키고 다툼은 공동체를 분열시킵니다. 열왕기하 18장 13절 이하를 보면 앗수르의 왕 산헤립이 유다를 침공하기 위해 예루살렘을 포위하는 장면이 나옵니다. 이때 앗수르의 랍사게는 전쟁을 시작하기 전에 예루살렘을 향해 유다 말로 다음과 같이 소리쳤습니다.

"히스기야가 너희를 설득하여 이르기를 야훼께서 우리를 건지시리라 하여도 히스기야에게 듣지 말라 민족의 신들 중에 어느 한 신이 그의 땅을 앗수르 왕의 손에서 건진 자가 있느냐 하맛과 아르

밧의 신들이 어디 있으며 스발와임과 헤나와 아와의 신들이 어디 있느냐 그들이 사마리아를 내 손에서 건졌느냐 민족의 모든 신들 중에 누가 그의 땅을 내 손에서 건졌기에 야훼가 예루살렘을 내 손에서 건지겠느냐 하셨느니라" (왕하 18:32-35)

이는 예루살렘 주민들에게 두려움을 심어 주어 전쟁에서 쉽게 승리하기 위한 전략이었습니다. 두려움과 공포는 사람들의 마음을 흔들어 의지를 무너뜨리고 그들을 좌절과 낙심에 빠뜨리려는 악마의 간교한 전략입니다. 따라서 예수님께서는 제자들에게 믿음을 통해 두려움을 물리치라고 말씀하신 것입니다.

"내 아버지 집에 거할 곳이 많도다 그렇지 않으면 너희에게 일렀으리라 내가 너희를 위하여 거처를 예비하러 가노니" 요 14:2

예수님께서는 제자들에게 하나님의 나라에는 거처가 많은데, 이제 제자들의 거처를 마련하기 위해 아버지의 집으로 간다고 말씀하셨습니다. 이 말씀은 예수님의 죽음은 제자들을 위해 꼭 필요한 것임을 의미함과 동시에, 온 인류를 하나님 아버지의 집으로 인도하실 수 있는 분은 오직 예수님밖에 없음을 나타냅니다. 오직 예수님만이 온 인류를 위한 구속 사역을 감당하실 수 있습니다.

"가서 너희를 위하여 거처를 예비하면 내가 다시 와서 너희를 내게로 영접하여 나 있는 곳에 너희도 있게 하리라" 요 14:3

예수님께서는 제자들을 위한 거처가 예비되면 그들을 인도하시기 위해 이 땅에 다시 오실 것이라고 말씀하셨습니다. 이는 예수님의 재림에 대한 명확한 약속의 말씀입니다. 예수님께서는 십자가에 달려 피를 흘리심으로 우리의 죄를 모두 사하시고 우리로 하여금 하나님의 자녀가 될 수 있게 해 주셨습니다. 그리고 예수님께서 다시 오시면 우리를 아버지의 집에 인도해 주셔서 우리의 구원을 완성시켜 주실 것입니다.

"주께서 호령과 천사장의 소리와 하나님의 나팔 소리로 친히 하늘로부터 강림하시리니 그리스도 안에서 죽은 자들이 먼저 일어나고 그 후에 우리 살아남은 자들도 그들과 함께 구름 속으로 끌어올려 공중에서 주를 영접하게 하시리니 그리하여 우리가 항상 주와 함께 있으리라" (살전 4:16-17)

타마라 피스크 선교사님의 이야기입니다. 그녀는 미국 에모리대학과 휘튼대학을 최우수 학생으로 졸업할 만큼 매우 뛰어난 학생이었습니다. 그런데 그녀는 중국에서 3년간 의료 선교를 하던 중

암으로 자신의 짧은 생을 마감해야 했습니다. 당시 그녀의 나이는 39세였습니다. 하지만 그녀는 죽어가면서도 하나님을 원망하지 않았습니다. 오히려 그녀는 자신의 장례식을 결혼식처럼 준비하여 복음을 전하는 기회로 만들어 달라고 부탁했습니다.

결국 장례식은 그녀의 뜻대로 거행되어 많은 사람들에게 감동을 주었습니다. 그녀가 세상을 떠난 후 그녀의 노트북에서 다음과 같은 시가 발견되었습니다.

"오늘 나는 낫는다네
아마도 바라고 기도하고 기다리던 대로는 아니겠지만
영광스러운 몸이 되어 고통이 사라지고 새 힘으로 가득하네
마음대로 뛰고 춤추는 곳
하나님께서 내 눈물 닦아 주시는 곳
땅에서 잠시 맛보았던 사랑, 기쁨, 평강의 강물에 잠겨
나를 생명보다 사랑해 주신 나의 구주
예수 그리스도가 계신 그곳에서
나는 아네
오늘 내가 낫게 됨을"

우리 모두에게 죽음은 참으로 두렵고 슬픈 일입니다. 그러나 우

리가 천국의 소망을 가질 때 죽음은 더 이상 마지막이 아님을 알게 됩니다. 절망의 순간에 처한 이들에게 천국의 소망은 마지막 희망입니다. 왜냐하면 설사 그 순간 생명을 다한다고 해도, 그것은 끝이 아니라 천국에서의 영원한 삶이 우리를 기다리고 있기 때문입니다. 그러므로 예수님께서 우리를 위해 예비하신 천국을 바라보시기 바랍니다. 그리고 지금 우리 자신을 둘러싸고 있는 걱정, 근심, 고민거리들을 훌훌 털어버리고 일어나시기 바랍니다.

"내가 어디로 가는지 그 길을 너희가 아느니라" 요 14:4

예수님께서는 예수님께서 가시는 길을 제자들도 알고 있다고 말씀하셨습니다. 이는 제자들이 이미 예수님께서 여러 차례 말씀하신 십자가 고난에 관해 들었기 때문입니다. 그러나 제자들은 여전히 예수님의 말씀을 이해하지 못했습니다. 그래서 도마는 그 길이 어딘지 모르겠다고 말했습니다. 예수님께서는 하나님의 구원 계획에 관해 이미 제자들에게 모든 것을 말씀하셨지만, 제자들은 금시초문이라는 듯이 반응했습니다.

때때로 우리는 하나님의 응답이 우리에게 이미 주어졌음에도 불구하고 그것을 깨닫지 못하고 하나님께서 자신의 기도에 침묵하신다며 불평할 때가 있습니다. 이러한 어리석음을 행하지 않기 위해 우리는 항상 성령 충만을 받아야 합니다. 성령의 도우심이 없이는 하나님의 뜻을 온전히 깨달을 수 없습니다. 예수님의 제자들도 오순절 날 성령 충만을 받은 후에야 복음의 진리에 대해 분명하고도 담대하게 증거할 수 있었습니다.

"도마가 이르되 주여 주께서 어디로 가시는지 우리가 알지 못하거늘 그 길을 어찌 알겠사옵나이까 예수께서 이르시되 내가 곧 길이요 진리요 생명이니 나로 말미암지 않고는 아버지께로 올 자가 없느니라" 요 14:5-6

도마의 질문에 예수님께서 하신 대답은 우리에게 매우 익숙한 말씀입니다. 우리에게 익숙하다는 것은 그만큼이나 중요하다는 의미입니다. 예수님께서는 요한복음에서 자주 등장하는 "나는…이다."라는 표현을 사용하셔서 자신을 길, 진리, 그리고 생명이라고 말씀하셨습니다.

예수님께서는 우리를 하나님께로 인도하시는 유일한 길이십니다. 예수님이 아니고서는 그 누구도 하나님을 아버지라 부를 수도 없을 뿐만 아니라 하나님께 나아갈 수도 없습니다.

"다른 이로써는 구원을 받을 수 없나니 천하 사람 중에 구원을

받을 만한 다른 이름을 우리에게 주신 일이 없음이라 하였더라" (행 4:12)

또한 구원에 이르는 유일한 길이신 예수님께서는 진리 그 자체이십니다. 여기서 진리란 바로 하나님을 가리킵니다.

"이러므로 땅에서 자기를 위하여 복을 구하는 자는 진리의 하나님을 향하여 복을 구할 것이요 땅에서 맹세하는 자는 진리의 하나님으로 맹세하리니" (사 65:16)

즉, 예수님께서 자신을 진리라고 하신 것은 그가 유일하신 하나님이시며 또한 하나님의 계시의 실현이심을 의미합니다.

마지막으로 예수님은 영원한 생명이십니다. 생명의 원천이 하나님이심을 기억할 때, 이 또한 예수님께서 하나님이심을 의미하는 것임을 알 수 있습니다.

"진실로 생명의 원천이 주께 있사오니 주의 빛 안에서 우리가 빛을 보리이다" (시 36:9)

이처럼 예수님께서 말씀하신 '길, 진리, 생명'은 예수님께서 진정한 하나님이심을 말해 주는 표현입니다. 이 표현에 대해 영국 케임브리지체선트대학의 초대 학장을 지낸 캠벨 몰간은 다음과 같이 말했습니다.

"나는 아버지께로 가는 길이며, 아버지에 관한 진리 그 자체이며, 아버지의 바로 그 생명이다."

구원의 길은 오직 예수님 한 분밖에 없습니다. 예수님의 십자가 보혈을 의지할 때만이 우리의 모든 죄를 용서받을 수 있습니다. 그러므로 오직 예수님만 의지하시기 바랍니다. 우리의 모든 필요와 쓸 것을 아시는 주님께서 모든 기도와 간구에 응답하시며 우리를 풍성한 은혜의 삶으로 인도하실 것입니다.

2. 예수님과 하나님의 관계

"너희가 나를 알았더라면 내 아버지도 알았으리로다 이제부터는 너희가 그를 알았고 또 보았느니라" 요 14:7

예수님과 하나님은 하나이시기 때문에 예수님을 아는 것은 곧 하나님을 아는 것과 같습니다. 특히 요한복음은 첫 장부터 이러한 사실을 강조하고 있습니다.

“태초에 말씀이 계시니라 이 말씀이 하나님과 함께 계셨으니 이 말씀은 곧 하나님이시니라”

제자들은 이미 예수님을 통해 하나님을 알고 보았습니다. 그러나 정작 제자들은 그 사실을 깨닫지 못하고 있었습니다. 그들은 예수님과 오랜 기간 함께하면서도 예수님이 하나님이시라는 사실을 인식하지 못했습니다. 이는 예수님의 말씀은 지식이나 경험에 의해서가 아니라 오직 성령의 도우심을 통해서만 온전히 깨달을 수 있음을 우리에게 알려 줍니다.

“빌립이 이르되 주여 아버지를 우리에게 보여 주옵소서 그리하면 족하겠나이다” 요 14:8

아버지를 보여 달라는 빌립의 요구는 제자들이 여전히 영적으로 무지하다는 사실을 여실히 드러냅니다. 앞서 예수님께서는 계속해서 자신이 하나님이심을 강조하셨음에도 불구하고, 예수님의 말씀이 끝나기가 무섭게 제자들은 하나님을 보여 달라고 하는 어리석음을 보였습니다.

“예수께서 이르시되 빌립아 내가 이렇게 오래 너희와 함께 있으되

네가 나를 알지 못하느냐 나를 본 자는 아버지를 보았거늘 어찌하여 아버지를 보이라 하느냐” 요 14:9

예수님의 계속된 가르침에도 불구하고 제자들이 여전히 그 말씀을 깨닫지 못하자 예수님께서는 제자들을 책망하셨습니다. 제자들이 보여 준 영적 무지는 믿음의 성장이 예수님과 만나는 시간의 길이와 반드시 비례하는 것은 아니라는 사실을 알려 줍니다. 특히 예수님께서 십자가에 달려 돌아가실 때 예수님을 하나님의 아들로 고백한 사람은 제자들이 아니라 로마 백부장이었습니다(막 15:39). 이처럼 나중 된 자가 먼저 되고 먼저 된 자가 나중 되는 것이 신앙의 세계입니다(마 20:16). 따라서 우리에게 필요한 것은 신앙의 연륜을 자랑하는 것이 아니라 예수님과의 깊은 인격적인 교제를 통하여 성숙한 신앙에 이르는 것입니다.

“내가 아버지 안에 거하고 아버지는 내 안에 계신 것을 네가 믿지 아니하느냐 내가 너희에게 이르는 말은 스스로 하는 것이 아니라 아버지께서 내 안에 계셔서 그의 일을 하시는 것이라” 요 14:10

예수님께서는 “내가 아버지 안에 거하고 아버지는 내 안에 계신다.”라고 말씀하셨습니다. 이는 삼위일체 교리의 핵심이 되는 말씀입니다. 예수님께서는 '나'와 '아버지'를 따로 언급하시면서 성부와 성자가 완전히 독립된 위격임을 나타내셨습니다. 이와 동시에 '안에 거하고', '안에 계신'이라는 표현을 통해 성부와 성자가 분리될 수 없는 완전한 하나라는 사실을 보여 주셨습니다. 즉, 성부와 성자는 독립된 위격으로 존재하시지만 또한 완전히 연합하여 계시다는 것입니다. 삼위일체 하나님에 관한 말씀은 성경의 제일 처음부터 나타납니다. 창세기는 천지창조가 성부, 성자, 성령의 삼위일체 하나님의 작품임을 말씀하고 있습니다.

"태초에 하나님이 천지를 창조하시니라 땅이 혼돈하고 공허하며 흑암이 깊음 위에 있고 하나님의 영은 수면 위에 운행하시니라" (창 1:1-2)

성부 하나님께서 천지를 창조하실 때 성령님(하나님의 영)께서도 동참하셨습니다. 또한 하나님께서는 말씀이신 예수님을 통해 천지를 창조하셨습니다.

"만물이 그로 말미암아 지은 바 되었으니 지은 것이 하나도 그가 없이는 된 것이 없느니라" (요 1:3)

이러한 삼위일체의 교리는 참으로 신비한 것입니다. 기독교 이천 년의 역사 속에서 수많은 사람들이 이에 관해 논쟁을 벌여 왔지만 명확한 해답을 얻지는 못했습니다. 이는 인간 이성으로는 하나님을 완전히 이해할 수 없기 때문입니다. 우리는 기독교의 본질이 '이해'에 있지 않으며 '믿음'에 있음을 기억해야 합니다. 하지만 당시 제자들은 예수님의 말씀을 '믿기'보다는 '이해'하려고 했기 때문에 성령 침례를 받기 전까지 그 말씀을 완전히 깨닫지 못했습니다.

> 우리는 기독교의 본질이 '이해'에 있지 않으며 '믿음'에 있음을 기억해야 합니다.

> "내가 아버지 안에 거하고 아버지께서 내 안에 계심을 믿으라 그렇지 못하겠거든 행하는 그 일로 말미암아 나를 믿으라" 요 14:11

계속된 제자들의 영적 무지함에 예수님께서는 "내가 아버지 안에 거하고 아버지께서 내 안에 계심을 믿지 못하겠거든, 내가 행한 일로 말미암아 나를 믿으라."고 말씀하셨습니다. 지금껏 예수님께서 행하신 일들은 하나님만이 하실 수 있는 것들이었습니다. 물로 포도주를 만드신 일(요 2:1-11), 오병이어의 기적(요 6:1-13), 나면서 소경 된 사람을 고치신 일(요 9:1-7), 그리고 죽은 나사로를 다시 살리신 일(요 11:39-44) 등 요한복음에 나타난 일들만 보더라도 하나님이 아니고서는 하실 수 없는 일들이었습니다.

10절에서 예수님께서는 이러한 일들이 가능한 이유가 "아버지께서 내 안에 계셔서 그의 일을 하시기 때문이다."라고 말씀하셨습니다. 즉, 예수님께서 행하신 기적들은 바로 예수님께서 삼위일체의 성자 하나님이심을 알려 준다는 것입니다. 여기서 우리가 주목해야 할 것은 '말씀과 행위의 일치' 입니다. 예수님께서는 결코 말씀으로만 사람들을 가르치지 않으셨습니다. 예수님께서는 언제나 삶의 막다른 골목에서 신음하던 사람들의 외침을 들으시고 그들의 문제를 해결해 주셨습니다.

예수님의 제자인 우리의 모습은 어떻습니까? 우리 입술의 믿음의 고백만큼 우리의 삶이 예수님을 닮아가고 있는지, 아니면 그저 말뿐인 신앙에 멈추어 있는지, 자신을 되돌아보고 예수님처럼 우리의 삶으로 예수님의 사랑과 가르침을 세상에 전하며 살아야 할 것입니다.

3. 예수 이름으로 구하라

> "내가 진실로 진실로 너희에게 이르노니 나를 믿는 자는 내가 하는 일을 그도 할 것이요 또한 그보다 큰일도 하리니 이는 내가 아버지께로 감이라" 요 14:12

삼위일체의 신비는 우리에게 놀라운 복음이 됩니다. 성부 하나님께서 성자 예수님 안에 거하심으로 말미암아 예수님께서 놀라운 기적들을 행하신 것처럼, 우리도 우리 안에 예수님을 모시면 예수님께서 하신 일뿐만 아니라 그보다 더 큰일도 할 수 있습니다.

> 우리 안에 예수님을 모시면 예수님께서 하신 일뿐만 아니라 그보다 더 큰 일도 할 수 있습니다.

많은 학자들이 이 말씀을 철학적으로 이해하여 예수님께서 말씀하신 더 큰일은 문자 그대로 받아들여서는 안 된다고 주장하기도 합니다. 그들은 "한낱 피조물에 불과한 인간이 어떻게 예수님보다 더 큰일을 할 수 있겠는가?"라고 주장합니다. 그러나 우리는 예수님의 말씀을 믿음으로 받아들여야 합니다. 우리가 예수님께서 행하신 일들보다 더 큰일을 행한다고 해서, 그것이 우리가 예수님을 뛰어넘는 존재가 될 수 있다는 것을 의미하는 것은 아닙니다. 그리고 예수님께서 공생애 기간 동안 행하신 일들이 예수님께서 하실 수 있는 모든 일들을 나타내는 것도 아닙니다. 사도행전을 보면 성령 침례를 받은 제자들이 예수님께서 행하신 일들보다 더 큰 기적들을 행한 사실을 발견할 수 있습니다. 베드로는 한 번의 설교를 통해 삼천 명을 회심시켰고(행 2:37-42), 바울의 손수건이나 앞치마만 얹어도 병이 낫고 귀신이 떠나는 역사가 일어났습니다(행 19:11-12). 하지만 그렇다고 해서 베드로나 바울 사도가 예수님보다 더 위대하고 뛰어나다고 믿는 사람은 아무도 없습니다.

"너희가 내 이름으로 무엇을 구하든지 내가 행하리니 이는 아버지로 하여금 아들로 말미암아 영광을 받으시게 하려 함이라 내 이름으로 무엇이든지 내게 구하면 내가 행하리라" 요 14:13-14

예수님께서는 우리가 예수님이 행하신 일보다 더 큰일을 행할 수 있는 이유에 대해 좀 더 구체적인 이유를 설명해 주셨습니다. 만약 우리가 믿음을 가지고 예수님의 이름을 힘입어 기도하면 예수님께서 그 기도를 들으시고 응답하시겠다는 것입니다. 초대 교회의 사도들 역시 예수님의 이름을 의지하여 앞서 말한 놀라운 기적들을 행했습니다.

"베드로가 이르되 은과 금은 내게 없거니와 내게 있는 이것을 네게 주노니 나사렛 예수 그리스도의 이름으로 일어나 걸으라 하고 오른손을 잡아 일으키니 발과 발목이 곧 힘을 얻고 뛰어 서서 걸으며 그들과 함께 성전으로 들어가면서 걷기도 하고 뛰기도 하며 하나님을 찬송하니" (행 3:6-8)

이처럼 예수님의 이름에는 놀라운 권세가 있습니다. 하지만 오늘날 우리는 물질적 풍요 속에서 안락한 삶만을 추구할 뿐, 예수님의 이름의 권세가 없는 삶을 살아가고 있습니다. 참으로 통탄할 일입니다. 그리스도인의 참된 능력은 재물이나 지식이 아닌 예수님의 이름으로부터 나오는 것입니다.

미국의 유명한 작가인 바바라 존슨의 이야기입니다. 평범한 가정 주부였던 그녀에게 견디기 힘든 고난이 계속해서 찾아왔습니다. 남편은 교통사고로 식물인간이 되었고, 첫째 아들은 음주 운전자에게 치어 목숨을 잃었습니다. 둘째 아들은 동성애에 빠져 가출했으며, 마지막 셋째 아들마저 베트남전에서 전사했습니다. 그녀는 이러한 절망적인 상황 속에서 삶의 의욕을 잃어버리고 하루하루를 보냈습니다. 그러던 어느 날 그녀는 원망과 불평으로는 아무것도 바뀌지 않는다는 사실을 깨달았습니다. 그리고 긍정적인 마음과 감사하는 마음으로 살겠노라고 결심하고 실천에 옮겼습니다. 그러자 그녀의 삶에 기적이 일어나기 시작했습니다. 식물인간이었던 남편이 의식을 되찾은 것입니다. 그녀는 더욱더 하나님께 감사하며 베트남전에서 아들을 잃은 사람들을 도왔습니다. 그녀의 소식은 곧 라디오와 텔레비전을 타고 미국 전역에 소개되었고 이를 접한 그녀의 둘째 아들이 집으로 돌아왔습니다. 절망의 순간에서도 절대 긍정과 절대 감사의 믿음으로 인생의 위기를 극복한 것입니다. 그녀는 이렇게 고백했습니다.

“우리 모두에게는 마음에서 떨쳐 버리지 못하고 꽉 붙들고 있는 고통의 기억들이 있습니다. 그 기억들을 떨쳐버리기 위해서는 믿음이 필요합니다. 하나님께서는 인생의 모든 어려움을 자신에게 맡기라고 말씀하셨습니다. 그러므로 우리가 믿음을 가지고 하나님을 의지한다면 어떤 고난 속에서도 결코 두려워하지 않게 될 것입니다. 왜냐하면 하나님께서 함께하시는 사람은 인생의 어떤 역경도 반드시 극복할 수 있기 때문입니다.”

사랑하는 여러분, 성경은 “너희가 얻지 못함은 구하지 아니하기 때문이요 구하여도 받지 못함은 정욕으로 쓰려고 잘못 구하기 때문이라”(약 4:2-3)고 말씀합니다. 하나님께서는 언제든지 우리에게 복 주실 준비가 되어 있습니다. 그런데 정작 우리가 구하지 않거나, 또는 지나친 욕심에 잘못된 것을 구해서 그 복을 받지 못할 때가 있습니다. 어떨 때는 이미 복을 받고도 그 사실을 깨닫지 못하기도 합니다. 우리가 믿는 하나님은 좋으신 하나님이십니다. 하나님께서는 우리의 삶을 형통하게 하시고 하나님의 영광을 드러내는 도구로 우리를 사용하기 원하십니다. 그러므로 예수님의 이름의 능력을 의지하여 구하고 두드리고 찾으시기 바랍니다. 그럴 때 우리의 삶 속에 하나님의 은혜와 축복이 차고 넘치게 될 것입니다.

묵상을 위한 질문

1. 우리가 마음에 근심하지 않을 수 있는 방법은 무엇입니까(요 14:1)?

2. 예수님께서 제자들을 떠나시는 이유는 무엇입니까(요 14:2-3)?

3. 하나님을 보여 달라는 빌립의 요구에 예수님께서는 무엇이라고 말씀하셨습니까(요 14:9)?

4. 예수님을 통하여 하나님을 볼 수 있는 이유는 무엇 때문입니까(요 14:10)?

5. 예수님께서는 예수님 안에 하나님께서 계심을 믿지 못하겠거든 무엇으로 인하여 예수님을 믿으라고 하셨습니까(요 14:11)?

6. 우리가 하나님께 기도하여 무엇이든 구할 수 있는 것은 무엇 때문입니까(요 14:13)?

7. 당신은 천국을 소망하는 삶을 살고 있습니까?

암송 성구

"내 이름으로 무엇이든지 내게 구하면 내가 행하리라" 요 14:14

서로
사랑하라

요 14:15-24

"너희가 나를 사랑하면 나의 계명을 지키리라 내가 아버지께 구하겠으니 그가 또 다른 보혜사를 너희에게 주사 영원토록 너희와 함께 있게 하리니 그는 진리의 영이라 세상은 능히 그를 받지 못하나니 이는 그를 보지도 못하고 알지도 못함이라 그러나 너희는 그를 아나니 그는 너희와 함께 거하심이요 또 너희 속에 계시겠음이라 내가 너희를 고아와 같이 버려두지 아니하고 너희에게로 오리라 조금 있으면 세상은 다시 나를 보지 못할 것이로되 너희는 나를 보리니 이는 내가 살아 있고 너희도 살아 있겠음이라 그 날에는 내가 아버지 안에, 너희가 내 안에, 내가 너희 안에 있는 것을 너희가 알리라 나의 계명을 지키는 자라야 나를 사랑하는 자니 나를 사랑하는 자는 내 아버지께 사랑을 받을 것이요 나도 그를 사랑하여 그에게 나를 나타내리라 가룟인 아닌 유다가 이르되 주여 어찌하여 자기를 우리에게는 나타내시고 세상에는 아니하려 하시나이까 예수께서 대답하여 이르시되 사람이 나를 사랑하면 내 말을 지키리니 내 아버지께서 그를 사랑하실 것이요 우리가 그에게 가서 거처를 그와 함께하리라 나를 사랑하지 아니하는 자는 내 말을 지키지 아니하나니 너희가 듣는 말은 내 말이 아니요 나를 보내신 아버지의 말씀이니라"

50

또 다른 보혜사

—— 예수님께서는 우리의 길이요 진리요 생명이 되십니다. 예수님만이 유일한 구원의 길이십니다. 따라서 예수님을 통하지 않고서는 아무도 하나님 앞에 나아갈 수 없습니다. 그런데 예수님께서는 성령님을 '또 다른 보혜사'라고 소개하셨습니다. 이는 예수님과 성령님께서 서로 하나라는 것을 뜻합니다. 즉, 성령님께서는 예수님께서 승천하신 이후 우리 안에 내주하시며 예수님의 사역을 이어가고 계십니다. 그러므로 우리는 아무런 걱정을 할 필요가 없습니다. 성령의 음성에 귀를 기울이면 언제든 예수님을 만날 수 있기 때문입니다.

1. 영원히 우리와 함께하시는 성령님

"너희가 나를 사랑하면 나의 계명을 지키리라" 요 14:15

예수님을 사랑하는 사람은 예수님의 계명을 지킵니다. 예수님께서 '나의 계명'이라고 말씀하신 예수님의 계명은 요한복음 13장 34절에 기록된 것처럼 '서로 사랑하라'는 것입니다. 그리고 예수님께서는 이 계명을 '새 계명'이라고 말씀하셨습니다. 그런데 여기서 새 계명이라고 말씀하신 것은 그 계명이 이전에는 없었던 완전히 새로운 계명이라는 의미가 아니라, 예수님의 제자가 된 우리가 반드시 지켜야 할 가장 중요한 계명이라는 점을 강조하신 것입니다.

"원수를 갚지 말며 동포를 원망하지 말며 네 이웃 사랑하기를 네 자신과 같이 사랑하라 나는 야훼이니라" (레 19:18)

하나님께서는 구약 시대에도 이미 '이웃 사랑'을 명령하셨습니다. 그런데 우리 인간들이 그것을 잘 지키지 못했기 때문에 예수님께서 그 중요성을 다시 한 번 강조하신 것입니다. 또한 예수님께서는 그 계명을 지키는 자가 참으로 예수님을 사랑하는 자라고 말씀하셨습니다. 예수님께서 말씀하신 가장 큰 계명도 바로 '하나님 사랑'과 '이웃 사랑'의 계명이었습니다.

"예수께서 이르시되 네 마음을 다하고 목숨을 다하고 뜻을 다하여 주 너의 하나님을 사랑하라 하셨으니 이것이 크고 첫째 되는 계명이요 둘째도 그와 같으니 네 이웃을 네 자신같이 사랑하라 하셨으니" (마 22:37-39)

예수님의 십자가는 예수님의 사랑을 나타냅니다. 예수님께서는 우리들을 사랑하시기 때문에 십자가의 고통과 죽음을 기꺼이 감당하셨습니다. 예수님의 사랑을 받은 우리는 그 사랑을 이웃과 함께 나눕니다. 이것은 강요에 의해서 억지로 하는 사랑이 아닙니다. 하나님의 사랑에 너무나 감사하기 때문에, 자원하는 마음으로 우리의 이웃을 섬기며 사랑하는 것입니다. 이러한 모습이 예수님께서 말씀하신 새 계명을 실천하는 모습입니다.

예수님의 십자가는 예수님의 사랑을 나타냅니다.

"내가 아버지께 구하겠으니 그가 또 다른 보혜사를 너희에게 주사 영원토록 너희와 함께 있게 하리니" 요 14:16

예수님께서는 예수님을 사랑하는 것과 예수님의 계명을 지키는 것의 관계에 대해 말씀하신 후, 보혜사 성령님에 대해 말씀하셨습니다. 요한복음에는 보혜사 성령님에 관한 말씀이 다섯 번 나오는데, 본문은 그중에서 첫 번째 부분입니다.

'보혜사'를 뜻하는 성경 원어는 문자적으로 '부르심을 받아 곁에 와 계신 분'이라는 의미입니다. 이 단어는 법정 용어로서 '대언자', '변호자', '법적 조력자'라는 뜻도 가지고 있습니다. 즉, 성령님은 우리를 위해 하나님께로부터 보내심을 받은 '돕는 분'이십니다. 그러므로 성령님께서는 우리 곁에서 위로해 주시고, 변호해 주시고, 하나님과 우리의 사이를 중재해 주십니다.

> 성령님은 우리를 위해 하나님께로부터 보내심을 받은 '돕는 분'이십니다.

예수님께서는 성령님을 '또 다른 보혜사'라고 말씀하셨습니다. 예수님께서 이 땅에 '보혜사'로 오셔서 죄와 사망의 절망에 놓였던 인간을 구원해 주시고, 하나님과 인간 사이를 화목하게 해 주셨습니다. 사도 요한은 요한일서 2장 1절에서 예수님을 '대언자'라고 말했는데, 이 '대언자'를 의미하는 원어가 요한복음의 '보혜사'와 같은 단어입니다. 즉, 사도 요한도 예수님을 '보혜사'라고 불렀던 것입니다. 그리고 예수님께서 부활하시고 승천하신 후에는 성령님께서 '또 다른 보혜사'로 오셔서 예수님께서 하셨던 일들을 계속하시는 것입니다.

여기서 '또 다른'이라는 말의 성경 원어는 '내용이 완전히 동일하지만 서로 다른 대상'을 가리킬 때 사용되는 말입니다. 따라서 이 단어는 첫 번째 보혜사이신 예수님과 또 다른 보혜사이신 성령님은 본질상 완전히 일치하면서도 삼위일체 하나님의 두 위격으로서의 지위를 가지고 계시다는 점을 우리에게 가르쳐 줍니다. 이에 대해 아더 핑크 목사님은 다음과 같이 말했습니다.

"또 다른 보혜사라고 말한 것은 성령님께서 예수님을 대신하여, 예수님께서 이 땅에서 행하셨던 모든 것을 행하시리라는 것을 뜻한다. 단지 차이가 있다면 예수님께서는 우리들 '밖에서' 행하신 반면, 성령님께서는 우리들 '안에서' 행하신다는 것이다."

예수님께서는 십자가에서의 죽음과 사흘 만의 부활, 그리고 승천을 통해 제자들의 곁을 떠나셨지만, 그 이후에는 예수님과 동일하신 성령님께서 제자들과 함께하셨습니다. 그리고 성령님께서는 지금도 동일하게 '또 다른 보혜사'로서 우리와 함께하고 계십니다.

"그는 진리의 영이라 세상은 능히 그를 받지 못하나니 이는 그를 보지도 못하고 알지도 못함이라 그러나 너희는 그를 아나니 그는 너희와 함께 거하심이요 또 너희 속에 계시겠음이라" 요 14:17

예수님께서는 성령님을 '진리의 영'이라고 부르셨습니다. 그런데 앞서 6절에서는 예수님께서 스스로를 '진리'라고 말씀하셨습니다. 따라서 예수님께서 말씀하신 '진리의 영'은 곧 '예수님의 영'이라고 볼 수 있습니다. 이는 보혜사이신 성령님께서 예수님의 승천 이후 예수님의 사역을 이어받으실 것임을 우리에게 알려 줍니다.

세상은 이러한 '진리의 영'이신 성령님을 받지 못합니다. 왜냐하면 예수님을 믿지 않는 그들은 성령님에 대해 알지 못하고 그 존재에 대해 깨닫지도 못하기 때문입니다. 성령님께서는 '또 다른 보혜사', 즉 예수님과 동질이신 성령 하나님이시기 때문에 예수님을 구주로 영접하여 하나님의 자녀가 된 그리스도인들만이 '진리의 영'을 알고, 인정하고, 모셔 들일 수 있습니다.

예수님께서는 인간의 몸을 입고 이 땅에 오셔서 제자들을 가르치시고, 병든 자를 치료하시고, 복음을 선포하셨습니다. 하지만 성령님께서는 우리 안에 내주하시면서 우리로 하여금 예수님의 사역을 계속 이어가게 하십니다. 그러므로 이제는 성령 충만을 받은 우리가 세상에 나가 사람들을 가르치고, 치료하며, 예수 그리스도의 복음을 담대하게 선포해야 합니다.

성령님께서는 우리 안에 내주하시면서 우리로 하여금 예수님의 사역을 계속 이어가게 하십니다.

제가 아는 어느 목사님에게 있었던 일입니다. 하루는 목사님의 어린 아들이 교회 학교에서 성령님께서 우리들 안에 거하신다는 것을 배웠다고 하면서, 자신도 예수님을 구주로 믿고 고백했기 때문에 지금 성령님께서 자기 안에 계신다고 목사님에게 자랑을 했습니다. 이 말을 들은 목사님께서 흐뭇해하고 있었는데, 마침 사모님이 갓 쪄낸 고구마를 가지고 왔습니다. 아이가 고구마를 허겁지겁 입에 넣다가 "앗 뜨거워! 앗 뜨거워!"를 연발했습니다. 그러더니 "성령님 뜨거우시죠?"라고 하더라는 것이었습니다.

저는 이 이야기를 들으며 그 아이의 순수한 신앙에 많은 은혜를 받았습니다. 우리에게도 이러한 순수한 믿음이 필요합니다. 믿음은 결코 지식으로 채워지지 않습니다. 아는 것과 믿는 것이 하나가 될 때 우리의 신앙이 올바르게 성장할 수 있습니다. 그러므로 우리 안에 거하시는 성령님의 음성에 귀를 기울이시기 바랍니다. 성령님께서 우리의 삶을 복된 삶으로 이끌어 주실 것입니다.

> "내가 너희를 고아와 같이 버려두지 아니하고 너희에게로 오리라 조금 있으면 세상은 다시 나를 보지 못할 것이로되 너희는 나를 보리니 이는 내가 살아 있고 너희도 살아 있겠음이라" 요 14:18-19

예수님께서는 제자들을 고아와 같이 버려두지 않을 것이라고 약속하셨습니다. 언뜻 보면 이것은 예수님께서 제자들을 떠나야 한다고 말씀하신 것과 반대가 되는 듯 보입니다. 하지만 예수님께서는 세상은 예수님을 보지 못하더라도 제자들은 계속해서 예수님을 볼 수 있다고 말씀하셨습니다. 이는 성령님의 임재가 곧 예수님의 임재이기 때문입니다. 진리의 영이신 성령님께서 제자들 가운데 내주하셔서 그들과 함께하시기 때문에 제자들은 언제나 예수님을 볼 수 있고 느낄 수 있습니다. 따라서 제자들은 오순절 성령 강림을 체험한 후 담대히 나아가 그리스도의 복음을 전할 수 있었습니다.

예수님의 사역은 십자가의 고난과 부활, 승천으로 끝난 것이 아닙니다. 예수님께서는 마지막 때에 이 땅에 다시 오셔서 하나님의 나라를 완성하실 것입니다. 그러므로 본문의 말씀은 예수님의 재림을 우리에게 알려 주고 있는 것입니다. 그리스도인들은 삶의 고난과 문제 속에서도 낙심하거나 포기하지 않고 천국을 바라봅니다. 천국과 재림의 복음은 죽음조차도 이길 수 있는 능력이 되기 때문입니다.

예수님께서는 마지막 때에 이 땅에 다시 오셔서 하나님의 나라를 완성하실 것입니다.

그러므로 우리 그리스도인들은 우리의 삶이 고통 중에 끝이 날지라도 결코 실망하지 않습니다. 예수님께서 예비하신 아름다운 천국이 우리를 기다리고 있기에 현실의 고난에 무릎을 꿇지 않습니다.

죽음을 절망으로 혹은 인생의 끝으로 받아들이지 않습니다.

> **"그날에는 내가 아버지 안에, 너희가 내 안에, 내가 너희 안에 있는 것을 너희가 알리라"** 요 14:20

예수님께서 말씀하신 '그날'은 두 가지 의미로 볼 수 있습니다. 첫 번째 의미는 사도행전 2장의 '오순절 성령 강림'입니다. 예수님께서 부활하시고 제자들이 성령 충만을 받은 후에야, 비로소 제자들은 예수님께서 하나님 안에 계시고, 자신들이 예수님 안에, 예수님께서 자신들 안에 계심을 알게 되었기 때문입니다.

두 번째 의미는 바로 예수님의 재림입니다. 예수님께서는 '너희가 내 안에, 내가 너희 안에'라는 말씀을 통해 삼위일체의 신비를 예수님과 제자들 사이의 관계로 확장시키셨습니다. 예수님께서는 앞선 10절에서 성부 하나님과 예수님과의 관계를 설명하시면서 "내가 아버지 안에 거하고 아버지는 내 안에 계신다."(요 14:10)고 말씀하셨습니다. 즉 '예수님께서 제자들 안에 거하신다는 것'은 예수님과 예수님을 따르는 우리의 관계가 하나님과 예수님의 관계와 같이 밀접해진다는 것을 뜻합니다. 예수님께서 이 땅에 다시 오시면 우리는 성령님의 도우심으로 말미암아 우리 안에 계신 예수님과 온전히 연합하게 됩니다.

고린도전서 13장 12절은 다음과 같이 말씀합니다.

"우리가 지금은 거울로 보는 것같이 희미하나 그때에는 얼굴과 얼굴을 대하여 볼 것이요 지금은 내가 부분적으로 아나 그때에는 주께서 나를 아신 것같이 내가 온전히 알리라"

그날이 오면 우리가 예수님과 함께 얼굴과 얼굴을 대하여 보는 것처럼 주님의 뜻을 온전히 깨닫게 될 것입니다. 우리는 모든 것을 밝히 알게 될 것입니다. 하지만 그전까지는 오직 성령님의 음성에 순종해야 합니다. 왜냐하면 아직은 거울로 보는 것같이 희미하기 때문입니다. 신앙생활은 처음부터 모든 것을 다 알고 시작하는 것이 아닙니다. 믿음의 분량대로 예수님께서 우리의 눈을 열어 주셔서 하나씩 깨닫게 되는 것입니다. 그 과정이 바로 성령님의 음성에 귀를 기울이는 것입니다.

> 신앙생활은 처음부터 모든 것을 다 알고 시작하는 것이 아닙니다.

미국 하일랜즈교회의 크리스 호지스 목사님은 2000년 1월 작정금식 기도 중에 교회를 개척하라는 성령의 음성을 들었습니다. 34명의 성도로 개척을 시작한 목사님은 교회가 부흥하면서 크고 작은 일들을 결정해야 할 순간이 점점 더 많아졌습니다. 그때마다 목사님은 성령님의 음성에 집중하며 하나님의 뜻을 알고자 노력했습니다. 그 결과 현재 목사님의 교회는 8개의 캠퍼스에서 약 2만 명의 성도가 모이는 교회로 성장하였습니다. 성령님의 인도하심을 몸소 체험한 목사님은 이렇게 고백했습니다.

"하나님께서는 결코 우리가 홀로 인생의 파도를 헤쳐 나가도록 내버려두지 않으십니다. 하나님께서는 우리의 삶을 친히 인도해 주시기 원하십니다. 이를 위해 예수님께서는 성령이라는 선물을 우리에게 보내셨습니다. 성령님은 인생길에서 우리를 하나님의 지혜로 인도해 주십니다. 어떤 결정을 앞두고 하나님의 뜻을 알고 싶다면 성령의 음성에 귀를 기울이십시오. 성령님께서 언제나 우리를 옳은 결정으로 인도해 주실 것입니다."

2. 예수님을 사랑하는 자

> **"나의 계명을 지키는 자라야 나를 사랑하는 자니 나를 사랑하는 자는 내 아버지께 사랑을 받을 것이요 나도 그를 사랑하여 그에게 나를 나타내리라"** 요 14:21

예수님의 계명을 지키는 사람이 예수님을 사랑하는 사람입니다.

그리고 예수님을 사랑하는 사람은 하나님의 사랑을 받게 됩니다. 그러면 예수님께서 우리를 사랑하셔서 우리에게 예수님을 나타내실 것입니다. 이 일련의 과정을 살펴보면 이웃 사랑은 하나님의 사랑을 받고 예수님을 만나는 출발점이 됩니다. 예수님께서는 제자들을 향해 마지막으로 이웃 사랑의 계명을 강조하셨습니다. 그러므로 제자들 역시 예수님께서 떠나신 이후도 예수님의 계명을 지켜야 했습니다. 그것이 하늘로 승천하신 예수님과 계속해서 교제를 나눌 수 있는 방법이기 때문이었습니다. 우리도 마찬가지입니다. 지금 이 순간에도 이웃 사랑의 계명은 우리와 예수님을 연결하는 끈이 되어 줍니다. 이웃 사랑은 우리의 이웃을 향한 사랑의 실천이기 이전에 예수님의 말씀을 지키는 순종입니다. 영국의 청교도 목사인 토마스 왓슨은 이렇게 말했습니다.

> 이웃 사랑은 우리의 이웃을 향한 사랑의 실천이기 이전에 예수님의 말씀을 지키는 순종입니다.

"사랑과 순종은 두 자매처럼 함께 손잡고 가야 한다. 예수님께서는 '너희가 나를 사랑하면 나의 계명을 지키리라'(요 14:15)고 하셨다. 우리는 행위로서 우리의 사랑을 나타내야 한다. 또한 성경은 '순종이 제사보다 낫다'(삼상 15:22)고 말씀한다. 제사에는 죽은 짐승이 드려지지만, 순종에는 산 영혼이 드려진다. 제사에서는 열매의 일부만 드려지지만, 순종에서는 열매와 나무와 모든 것, 즉 자신의 모든 것이 드러지기 때문이다."

순종은 보이지 않는 하나님을 사랑하는 방법입니다. 따라서 예수님의 계명에 순종하는 것이 하나님께 우리의 사랑을 표현하는 방법인 것입니다.

"가룟인 아닌 유다가 이르되 주여 어찌하여 자기를 우리에게는 나타내시고 세상에는 아니하려 하시나이까" 요 14:22

예수님께서 말씀하신 후 가룟 유다가 아닌 유다가 예수님께 "주여 어찌하여 자기를 우리에게는 나타내시고 세상에는 아니하려 하시나이까"라고 물었습니다. 예수님의 제자 중에는 유다가 둘이었는데, 한 명은 가룟 유다였고, 다른 한 명은 '야고보의 아들 유다'였습니다(눅 6:16).

유다의 이러한 질문은 예수님의 동생들이 예수님께 드린 질문을 떠올리게 합니다.

"그 형제들이 예수께 이르되 당신이 행하는 일을 제자들도 보게 여기를 떠나 유대로 가소서 스스로 나타나기를 구하면서 묻혀서 일하는 사람이 없나니 이 일을 행하려 하거든 자신을 세상에 나타내소서 하니"(요 7:3-4)

유다의 질문 역시 예수님의 동생들과 마찬가지로 예수님의 사역을 제대로 이해하지 못했기 때문에 나온 것이었습니다. 유다와 다른 제자들은 여전히 예수님을 정치적인 메시아로 이해하며 예수님께서 예수님 자신을 세상에 드러내어 로마의 압제를 물리치고 이스라엘에 독립을 가져다주시기를 바라고 있었습니다.

그러나 예수님은 오직 하나님께서 정하신 때에 맞추어 하나님의 일을 하시는 분이십니다. 예수님께서는 '때가 이르기 전'까지는 세상을 향하여 때로는 말씀으로, 때로는 기적을 행하심으로 복음을 선포하셨습니다. 그래서 불트만이라는 학자는 예수님의 공생애 사역이 기록된 요한복음 1장부터 12장을 '세상을 향한 예수님의 계시'라고 말했습니다.

하지만 '때가 이른' 후에는 십자가를 통해 하나님의 구원 계획을 이루셔야만 했습니다. 이는 예수님께서 제자들의 곁을 떠나야 한다는 것을 의미했습니다. 이러한 예수님의 고난은 제자들이 결코 이해할 수 없는 것이었습니다. 그들에게 '고통 받는 메시아'란 상상도 할 수 없는 것이기 때문이었습니다.

"예수께서 대답하여 이르시되 사람이 나를 사랑하면 내 말을 지키리니 내 아버지께서 그를 사랑하실 것이요 우리가 그에게 가서 거처를 그와 함께하리라" 요 14:23

예수님께서는 유다의 질문에 직접적으로 답하시지 않고 앞서 이야기한 가르침을 요약하여 말씀하셨습니다. 이는 '예수님을 사랑하는 사람은 예수님의 말씀을 지킬 것이며, 또한 하나님 아버지께서 그를 사랑하신다는 것'이었습니다. 그리고 여기에 더해 예수님께서는 "우리가 그에게 가서 거처를 그와 함께하리라"고 말씀하셨습니다. 이는 예수님과 함께 삼위일체 하나님께서 우리와 함께 영원히 거하실 것이라는 뜻이었습니다. 이러한 예수님의 말씀은 오순절 성령 강림 사건을 통해 성취되었습니다.

이때 중요한 것은, 성령님의 임재는 곧 삼위일체 하나님께서 우리 안에 거처를 삼으시고 우리와 함께 거하심을 의미한다는 사실입니다. 죄로 가득했던 우리의 몸이 예수 그리스도로 말미암아 삼위일체 하나님께서 거하시는 거룩한 성전이 되는 것입니다.

"너희는 너희가 하나님의 성전인 것과 하나님의 성령이 너희 안에 계시는 것을 알지 못하느냐" (고전 3:16)

이는 우리의 몸을 세상의 속된 것들로부터 거룩히 구별해야 할 이유가 됩니다. 하나님의 임재는 우리의 삶 속에서 하나님의 능력

하나님의 임재는 우리의 삶 속에서 하나님의 능력을 나타내는 근본적인 원인이 됩니다.

을 나타내는 근본적인 원인이 됩니다. 그리고 동시에 우리는 하나님의 임재를 위해 우리의 몸을 하나님의 성전으로 거룩히 구별해야 해야 하는 책임을 가지고 있습니다.

"나를 사랑하지 아니하는 자는 내 말을 지키지 아니하나니 너희가 듣는 말은 내 말이 아니요 나를 보내신 아버지의 말씀이니라" 요 14:24

예수님께서는 "나를 사랑하지 않는 자들은 내 말을 지키지 않는다."라고도 말씀하셨습니다. 그리고 예수님의 말씀은 곧 하나님의 말씀이라고 강조하셨습니다. 즉, 예수님의 말씀을 지키지 않는 사람은 예수님을 사랑하지 않는 것과 동시에, 하나님의 말씀을 지키지 않는 것이며, 따라서 이는 하나님 아버지를 사랑하지 않는 것입니다.

사랑하는 여러분, 예수님의 말씀은 예수님을 보내신 하나님의 말씀이기에, 이웃 사랑의 계명은 바로 하나님의 뜻이 담긴 계명이 됩니다. 따라서 하나님을 사랑하는 사람은 반드시 예수님께서 말씀하신 이웃 사랑의 계명을 지켜야 합니다. 이웃 사랑은 구원을 위해 지키는 율법이 아닙니다. 예수님을 사랑하기 때문에 실천해야 할 우리의 의무입니다. 마태복음 6장 21절은 “네 보물 있는 그곳에는 네 마음도 있느니라”고 말씀합니다. 우리가 우리의 보물을 물질이라고 생각할 때 우리의 마음은 온통 물질에 집중됩니다. 그러나 우리의 보물이 나눔이라고 생각할 때 우리는 우리의 가진 모든 것을 나눔으로 말미암아 예수님을 사랑하고 하나님을 사랑할 수 있습니다. 그러므로 이웃 사랑의 실천을 통해 예수님을 향한 우리의 사랑을 세상에 표현할 수 있기를 바랍니다.

묵상을 위한 질문

1. 예수님께서는 예수님을 사랑하는 사람은 어떤 삶을 산다고 말씀하셨습니까(요 14:15)?

2. 예수님께서는 성령님을 무엇이라고 표현하셨으며 그 이유는 무엇입니까(요 14:16)?

3. 세상은 예수님을 보지 못하지만 제자들은 예수님을 볼 수 있는 이유는 무엇 때문입니까(요 14:19)?

4. 예수님께서 이 땅에 다시 오실 때 우리는 무엇을 알게 됩니까(요 14:20)?

5. 예수님을 사랑하고 예수님의 계명을 지키는 자는 결국 어떤 사람입니까(요 14:21)?

6. 당신은 하나님과 동행하는 삶을 위해 어떤 노력을 하고 있습니까?

암송 성구

"내가 아버지께 구하겠으니 그가 또 다른 보혜사를 너희에게 주사 영원토록 너희와 함께 있게 하리니" 요 14:16

서로
사랑하라

요 14:25-31

"내가 아직 너희와 함께 있어서 이 말을 너희에게 하였거니와 보혜사 곧 아버지께서 내 이름으로 보내실 성령 그가 너희에게 모든 것을 가르치고 내가 너희에게 말한 모든 것을 생각나게 하리라 평안을 너희에게 끼치노니 곧 나의 평안을 너희에게 주노라 내가 너희에게 주는 것은 세상이 주는 것과 같지 아니하니라 너희는 마음에 근심하지도 말고 두려워하지도 말라 내가 갔다가 너희에게로 온다 하는 말을 너희가 들었나니 나를 사랑하였더라면 내가 아버지께로 감을 기뻐하였으리라 아버지는 나보다 크심이라 이제 일이 일어나기 전에 너희에게 말한 것은 일이 일어날 때에 너희로 믿게 하려 함이라 이 후에는 내가 너희와 말을 많이 하지 아니하리니 이 세상의 임금이 오겠음이라 그러나 그는 내게 관계할 것이 없으니 오직 내가 아버지를 사랑하는 것과 아버지께서 명하신 대로 행하는 것을 세상이 알게 하려 함이로라 일어나라 여기를 떠나자 하시니라"

51

그리스도의 평화

——— 마태복음 5장부터 7장은 우리가 '산상수훈' 이라고 부르는 부분으로 예수님께서 공생애 기간 동안 말씀하신 가르침의 핵심이 담겨 있습니다. 특별히 '산상수훈' 은 그 내용이 우리의 삶의 모습에 집중하고 있어서, '그리스도인은 어떻게 살아야 하는가?' 라는 질문에 답을 제시해 주고 있습니다. 그리고 요한복음 14장부터 16장까지는 '다락방 강화' 라고 불리는 예수님의 마지막 가르침을 담고 있습니다. 예수님께서는 공생애를 마무리 하시며 제자들과 함께하는 마지막 만찬 자리에서 제자들에게 말씀을 전하셨습니다. 그런데 예수님의 마지막 가르침의 내용은 마태복음의 산상수훈만큼이나 중요한 내용들로 가득합니다. '다락방 강화' 는 여러 사람이 아니라 열한 제자들을 그 대상으로 하고 있긴 하지만, 그리스도인의 삶을 다룬

다는 점에서 '산상수훈'과 크게 다르지 않습니다. 한 가지 다른 점이 있다면 '다락방 강화'는 성령의 인도하심을 강조했다는 것입니다.

1. 가르치시고 생각나게 하시는 성령

"내가 아직 너희와 함께 있어서 이 말을 너희에게 하였거니와" 요 14:25

예수님께서는 제자들을 향해 다시 한 번 성령님에 관해 말씀하시며 성령님은 어떤 분이신지 설명하셨습니다. 먼저 성령님은 '아버지께서 내 이름으로 보내실 분'이라고 말씀하셨습니다. 즉, 성령님은 성부 하나님께서 성자 예수님의 이름으로 보내시는 분으로 성령의 강림은 성부 하나님과 성자 예수님 모두와 관련된 역사입니다. 또한 예수님께서는 성령님을 가리켜 '그것'이라는 사물을 가리키는 비인칭 대명사를 사용하지 않으시고 '그'라는 인칭 대명사를 사용하셨습니다. 이는 성령님께서 단순히 어떤 능력이나 힘과 같은 비인격적인 요소가 아니라, 성부 하나님 그리고 성자 예수님과 마찬가지로 인격을 지니신 성령 하나님이시라는 것을 나타냅니다.

예수님께서는 성령님께서 제자들에게 모든 것을 가르치시고 예수님의 모든 말씀을 생각나게 하실 것이라고 말씀하셨습니다(요 14:26). 이는 성령님께서 '말씀'과 깊은 관계가 있음을 의미합니다. 조지 뮬러 목사님은 이에 관해 다음과 같이 말했습니다.

"성령님께서 우리를 인도하실 때 그분은 반드시 말씀을 따라 인도하시지, 결코 성경과 반대되는 방향으로 인도하시지 않으신다."

따라서 성경 말씀과 다른 가르침은 조심해야 합니다. 많은 이단들이 겉으로는 성경의 말씀을 믿는 것처럼 보이지만, 실상은 자신들의 욕심과 이익을 채우기 위해 말씀을 왜곡되게 해석하여 사람들을 현혹합니다. 그래서 겉모습만 보아서는 그들이 이단인지 아닌지 잘 알 수가 없지만, 우리가 조금만 더 주의 깊게 살펴보면 이단들이 전하는 메시지는 전부 성경의 말씀과 다르다는 것을 쉽게 알아차릴 수 있습니다. 왜냐하면 그들에게는 성령님께서 역사하지 않으시기 때문입니다. 말씀이 없는 곳에는 성령님께서도 함께하지 않으십니다. 따라서 세상의 모든 이단은 성령님과 말씀이 빠진 빈 껍데기에 불과합니다.

"보혜사 곧 아버지께서 내 이름으로 보내실 성령 그가 너희에게 모든 것을 가르치고 내가 너희에게 말한 모든 것을 생각나게 하리라"
요 14:26

예수님께서는 성령님께서 가르치신다고 말씀하셨습니다. 성령 충만은 곧 말씀 충만입니다. 따라서 성령 충만을 사모하는 사람들은 모두 성경 말씀으로 충만해야 합니다. 말씀의 부재는 비단 이단 사설에 현혹되는 문제뿐만 아니라 교만이라는 문제와도 연관이 깊습니다. 성령 충만을 받음으로써 권능을 받으면 놀라운 기적을 체험하게 됩니다. 그런데 이때 하나님의 말씀으로 바로 서지 못하면 어느새 그 중심에 하나님은 사라지고 자신이 있게 됩니다. 이러한 유혹에 넘어지지 않도록 성령 충만과 말씀 충만은 함께 가야 합니다. 말씀은 우리의 삶의 주인이 하나님이심을 깨닫게 하여 우리를 언제나 겸손하게 만들어 주기 때문입니다. 이때 진리의 영이신 성령님께서는 하나님의 깊은 것이라도 통달하시기 때문에 성경 말씀에 담긴 참진리로 우리를 인도하십니다(고전 2:10). 특히 베드로후서 1장 21절은 성경 말씀이 성령의 감동을 통해 기록되었음을 말씀하고 있습니다.

성령 충만은 곧 말씀 충만입니다.

"예언은 언제든지 사람의 뜻으로 낸 것이 아니요 오직 성령의 감동하심을 받은 사람들이 하나님께 받아 말한 것임이라"

그러므로 말씀을 읽을 때 우리는 성령님의 가르침에 귀를 기울

여야 합니다. 하나님의 말씀은 단지 이해하기 위해 읽는 것이 아니라 우리의 삶을 변화시키기 위해 읽는 것입니다.

예수님께서는 또한 성령님께서 예수님의 모든 가르침을 생각나게 하신다고 말씀하셨습니다. 이는 성령님의 두 번째 특징적 사역입니다. 예수님께서 부활, 승천하셔서 이 땅에 계시지 않더라도 우리는 계속해서 예수님의 말씀을 들을 수 있습니다. 왜냐하면 성령님께서 그 말씀을 생각나게 하시고 또 그 의미를 깨닫게 하시기 때문입니다.

제자들은 예수님과 함께할 때에는 예수님의 말씀에 담긴 참의미를 깨닫지 못했지만 오순절 날 성령 충만을 받고 난 다음에는 그 의미를 밝히 알게 되어 그들의 삶이 완전히 변화되었습니다. 그러므로 우리 역시 하나님 말씀을 온전히 깨닫기 위해서는 반드시 성령님의 도우심을 받아야 합니다. 성령님의 도우심 없이는 누구도 예수님의 말씀뿐만 아니라 예수님께서 누구이신지조차 이해할 수 없습니다.

"그러므로 내가 너희에게 알리노니 하나님의 영으로 말하는 자는 누구든지 예수를 저주할 자라 하지 아니하고 또 성령으로 아니하고는 누구든지 예수를 주시라 할 수 없느니라" (고전 12:3)

> "평안을 너희에게 끼치노니 곧 나의 평안을 너희에게 주노라 내가 너희에게 주는 것은 세상이 주는 것과 같지 아니하니라 너희는 마음에 근심하지도 말고 두려워하지도 말라" 요 14:27

계속되는 예수님의 말씀에 제자들은 점점 더 불안해졌습니다. 왜냐하면 제자들은 예수님께서 그들을 떠나신다는 점에만 집중했기 때문입니다. 예수님께서는 예수님께서 승천하시는 것이 제자들을 위한 것임을 누차 강조하셨음에도 불구하고 제자들은 그것을 전혀 깨닫지 못했습니다. 그런 제자들을 향해 예수님께서는 근심하거나 두려워하지 말라고 말씀하시며 세상이 줄 수 없는 평안을 주시겠다고 약속하셨습니다.

우리가 자꾸 근심하다 보면 우리의 마음에 근심이 쌓여 두려움이 됩니다. 우리 마음속에 있는 두려움은 우리의 믿음과 신앙을 완전히 흔들어 놓아 결국 우리를 멸망으로 인도합니다. 그래서 잠언 4장 23절은 "모든 지킬 만한 것 중에 더욱 네 마음을 지키라 생명의 근원이 이에서 남이니라"고 말씀합니다. 우리가 마음을 지키지 못하는 이유는 우리의 마음에 근심이 가득하기 때문입니다. 그러나 우리가 근심한다고 해서 우리의 미래가 바뀌지 않습니다. 근심은 미래를 바꿀만한 아무런 능력

근심은 미래를 바꿀만한 아무런 능력이 없습니다.

이 없습니다. 오히려 우리의 몸과 영혼을 더욱더 곤비하게 만들 뿐입니다.

예수님께서 제자들에게 평안을 주시겠다고 하시면서 두려워하지 말라고 말씀하시는 이때는 예수님께서 가장 큰 위기에 처하신 때였습니다. 이제 곧 가룟 유다를 앞세운 유대 종교 지도자들과 로마 군인들이 예수님을 잡으러 올 것이기 때문이었습니다. 그러나 예수님께서는 조금의 흔들림도 없으셨습니다. 이처럼 예수님께서 제자들에게 약속하신 평안은 깊은 바다처럼 어떠한 환난과 고난에도 쉽게 동요하지 않는 평안이었습니다.

예수님께서 오병이어의 기적을 베푸신 직후 제자들은 배를 타고 갈릴리 호수를 건너고 있었습니다. 날이 저물고 풍랑이 찾아오자 그들은 두려움에 사로잡혔습니다. 바로 그때 예수님께서 그들을 찾아오셨습니다. 그리고 예수님께서 그 배에 오르시자 배는 무사히 목적지에 도착할 수 있었습니다. 이처럼 세상의 환난이 우리를 덮쳐도 우리가 예수님과 함께한다면 아무런 걱정을 할 필요가 없습니다. 예수님께서 우리의 인생의 배에 오르시는 순간 모든 문제는 사라지고 우리의 마음은 평안을 되찾을 것입니다. 이에 대해 미국 새들백교회의 릭 워렌 목사님은 다음과 같이 말했습니다.

"하나님께서 우리의 삶의 중심에 계신다는 것을 어떻게 알 수 있습니까? 그것은 다음과 같습니다. 하나님께서 우리의 중심에 계시면 우리의 입에서는 하나님을 향한 경배가 나옵니다. 그러나 그렇지 않을 경우에 우리의 입은 걱정을 말합니다. 이처럼 걱정은 '하나님께서 우리의 중심에서 옆으로 밀려나셨다.'는 것을 의미합니다. 우리의 마음속에 근심과 걱정이 가득할 때 하나님을 다시 중심으로 모셔야 합니다. 그렇게 할 때 우리의 마음은 다시 평안을 되찾을 것입니다."

주님께서 주시는 평안은 세상의 그 어떤 것으로도 얻을 수 없는 평안입니다. 이 평안은 세상의 환경이나 조건에 영향을 받지 않습니다. 오히려 주님께서 주시는 평안이 우리 안에 있을 때 우리는 환경을 지배하게 됩니다.

베드로와 바울은 감옥에서도 평안한 마음을 잃지 않았습니다. 베드로는 헤롯 왕의 박해로 인해 감옥에 갇혀 쇠사슬로 두 군인에게 묶여 있었지만 평안히 잠을 잤습니다. 이러한 베드로의 배짱은 하나님께서 주신 평안함 때문이었습니다.

"헤롯이 잡아내려고 하는 그 전날 밤에 베드로가 두 군인 틈에서 두 쇠사슬에 매여 누워 자는데 파수꾼들이 문 밖에서 옥을 지키더니 홀연히 주의 사자가 나타나매 옥중에 광채가 빛나며 또 베드로의 옆구리를 쳐 깨워 이르되 급히 일어나라 하니 쇠사슬이 그 손에서 벗어지더라" (행 12:6-7)

바울은 옥중에서 기도와 찬송으로 하나님께 영광을 돌렸습니다.

"그가 이러한 명령을 받아 그들을 깊은 옥에 가두고 그 발을 차꼬에 든든히 채웠더니 한밤중에 바울과 실라가 기도하고 하나님을 찬송하매 죄수들이 듣더라"(행 16:24-25)

이러한 베드로와 바울의 태도는 하나님께서 주신 평안을 얻은 사람들의 모습을 보여 줍니다. 세상은 그들을 옥에 가두고 사슬로 매었지만 그들의 믿음은 어떻게 하지 못했습니다. 그래서 히브리서 11장 38절은 그리스도인들에 대해 "이런 사람은 세상이 감당하지 못하느니라"고 말씀합니다. 그러므로 삶의 문제 속에서 근심하지 마시기 바랍니다. 우리의 싸움은 이미 이긴 싸움입니다(요 16:33). 예수님께서 앞장서서 우리를 인도하시기에 우리는 날마다 평안함을 누릴 수 있습니다.

예수님께서 앞장서서 우리를 인도하시기에 우리는 날마다 평안함을 누릴 수 있습니다.

또한 예수님께서는 하나님께로 가신 후 반드시 다시 오실 것이며, 그전까지는 보혜사 성령님께서 우리와 함께하시기 때문에 어떠한 걱정도, 두려움도 가질 이유가 없습니다. 그럼에도 불구하고 제자들은 예수님의 재림과 보혜사 성령님에 대한 약속을 온전히 깨닫지 못했기 때문에 염려하고 두려워했습니다.

"내가 갔다가 너희에게로 온다 하는 말을 너희가 들었나니 나를 사랑하였더라면 내가 아버지께로 감을 기뻐하였으리라 아버지는 나보다 크심이라" 요 14:28

예수님께서는 제자들이 예수님을 사랑하였더라면 예수님께서 승천하셔서 아버지께로 가시는 것을 기뻐할 것이라고 말씀하셨습니다. 왜냐하면 예수님께서 십자가에서 죽으시고 부활하심으로써 모든 인류가 구원받는 길이 열리고, 부활하신 예수님께서 승천하셨다가 다시 오시는 것은 인류 구원의 완성을 이루시는 것이었기 때문입니다. 다시 말하면 하나님께서 예수님께 맡기신 사명이 성취되는 것이었습니다. 그래서 예수님을 진정으로 사랑하는 제자들이라면 예수님이 자신들을 떠나신다는 이유로 걱정하고 두려워할 것이 아니라 도리어 기뻐해야 했습니다. 그리고 예수님께서는 "아버지는 나보다 크시다."라고 말씀하심으로써 예수님께서 어떠한 겸손과 순종으로 하나님의 뜻을 받들고 계신지를 제자들에게 깨우쳐 주셨습니다.

여기서 우리는 우리가 무엇을 기뻐해야 하는지를 깨닫게 됩니다. 예수님의 제자인 우리는 내 뜻이 아니라 주님의 뜻이 이루어지는 것을 제일 큰 기쁨으로 여겨야 합니다. 그리고 예수님처럼 겸손과 순종으로 우리를 부르신 하나님께 영광을 올려 드려야 합니다.

2. 십자가, 하나님의 계획

"이제 일이 일어나기 전에 너희에게 말한 것은 일이 일어날 때에 너희로 믿게 하려 함이라" 요 14:29

예수님께서는 고별 설교를 통해 앞으로 일어날 일들을 제자들에게 미리 말씀해 주신 이유를 설명하셨습니다. 그것은 그 일이 성취될 때 제자들로 하여금 예수님을 끝까지 믿는 믿음을 갖게 하기 위함이었습니다. 예수님께서는 마지막 만찬을 하실 때에도 가룟 유다의 배신에 관해 미리 말씀하시며 그 이유가 그 일이 일어날 때 제자들이 예수님을 믿도록 하기 위함이라고 말씀하셨습니다(요 13:19).

이처럼 예수님께서는 십자가의 고난을 앞두신 상황에서도 평온함을 잃어버리지 않으시고 오히려 제자들을 걱정하시며 그들을 끝까지 사랑하셨습니다(요 13:1). 그러나 제자들은 예수님께서 자신들을 떠나신다는 말씀에 스스로의 안위가 걱정되어 안절부절못하고 있었습니다. 예수님의 거듭되는 말씀에도 불구하고 그들은 여전히 영적 무지의 상태를 벗어나지 못하고 있었습니다. 그들은 성령님께서 그들을 찾아오신 이후에야 비로소 영적 무지에서 벗어나 예수님의 말씀을 온전히 깨달을 수 있었습니다. 예수님께서는 이 사실을 잘 알고 계셨기 때문에 제자들을 책망하지 않으시고 끝까지 사랑으로 감싸 주셨습니다.

> "이 후에는 내가 너희와 말을 많이 하지 아니하리니 이 세상의 임금이 오겠음이라 그러나 그는 내게 관계할 것 이 없으니 오직 내가 아버지를 사랑하는 것과 아버지께서 명하신 대로 행하는 것을 세상이 알게 하려 함이로라 일어나라 여기를 떠나자 하시니라" 요 14:30-31

예수님께서는 '이 세상 임금'에 관해 말씀하셨습니다. '세상 임금'은 사탄을 의미하고 "세상 임금이 오고 있다."라는 말씀은 십자가 고난이 임박했다는 뜻입니다. 곧 가룟 유다는 로마의 군인들을 이끌고 예수님을 찾아올 것입니다. 그리고 유대의 종교 지도자들은 거짓 재판을 열고 거짓 증인들을 세워 예수님께 유죄를 선고할 것입니다. 그러면 로마의 총독은 그 결과를 받아들여 결국 예수님을 십자가에 못 박을 것입니다. 이 모든 과정의 배후에는 사탄이 있었습니다. 그러나 이때 사탄은 그 모든 과정의 참된 주권자가 하나님이라는 사실을 알지 못했습니다. 예수님께서 십자가에 달리신 것은 하나님의 구원 계획에 예수님께서 순종하셨기 때문이었습니다. 예수님께서는 스스로 목숨을 버리실 권세도 있고, 다시 얻으실 권세도 가지고 계셨습니다.

"내가 내 목숨을 버리는 것은 그것을 내가 다시 얻기 위함이니 이로 말미암아 아버지께서 나를 사랑하시느니라 이를 내게서 빼앗는 자가 있는 것이 아니라 내가 스스로 버리노라 나는 버릴 권세도 있고 다시 얻을 권세도 있으니 이 계명은 내 아버지에게서 받았노라 하시니라"(요 10:17-18)

그렇기 때문에 예수님께서는 "이 세상 임금이 오겠으나 그는 결코 나를 어찌할 수 없다."라고 말씀하셨습니다. 이처럼 사탄은 하나님의 놀라운 구원 계획을 위한 도구에 지나지 않습니다. 예수님의 십자가는 고난과 죽음으로 끝나지 않고 예수님의 승리와 부활로 이어지기 때문입니다. 비록 예수님께서는 물과 피를 쏟으시는 고난을 당하셨지만, 이것은 온 인류의 죄를 사하시고 죽음의 권세를 물리치기 위한 과정이었습니다.

"그는 우리 죄를 위한 화목 제물이니 우리만 위할 뿐 아니요 온 세상의 죄를 위하심이라"(요일 2:2)

"죄를 짓는 자는 마귀에게 속하나니 마귀는 처음부터 범죄함이라 하나님의 아들이 나타나신 것은 마귀의 일을 멸하려 하심이라"(요일 3:8)

사탄이 마치 예수 그리스도와 맞설 수 있는 것처럼 오해해서는 안 됩니다. 사탄은 결코 하나님과 대적할 수 없습니다. 우주 만물을 창조하신 하나님만이 진정한 주권자이십니다. 따라서 우리는 사탄을 두려워할 필요가 없습니다. 사탄은 교회를 무너뜨리고자 부단히 애쓰고 있지만 예수 그리스도를 온전히 의지하는 성도는 반드시 승리할 것입니다.

"그런즉 너희는 하나님께 복종할지어다 마귀를 대적하라 그리하면 너희를 피하리라"(약 4:7)

이처럼 예수님의 십자가 고난은 전적으로 하나님의 계획과 예수님의 순종을 통한 삼위일체 하나님의 놀라운 작품이었습니다. 하나님께서는 우리에게 구원을 베푸시기 위해 우리 죄의 대가인 죽음을 예수님께서 치르게 하셨습니다. 그리고 예수님께서는 하나님을 사랑하셨기에 그 뜻에 온전히 순종하셨습니다. 이처럼 예수님께서는 십자가를 통해 아버지 하나님을 향한 순종, 그리고 죄 아래에서 고통받고 있는 온 인류를 향한 사랑 모두를 실천하셨습니다.

예수님의 십자가 고난은 전적으로 하나님의 계획과 예수님의 순종을 통한 삼위일체 하나님의 놀라운 작품이었습니다.

사랑하는 여러분, 성령님께서는 우리의 마음속에서 언제나 예수님의 말씀을 가르치시고 생각나게 하십니다. 성령님께서 항상 우리와 함께하시기 때문에 우리는 늘 평안할 수 있습니다. 하나님께서 주시는 평안은 세상을 이기는 힘이 됩니다. 아무리 힘들고 어려운 환경이 닥쳐온다 해도 우리 마음속의 평안이 절망과 낙심을 몰아내기 때문입니다. 성령님의 음성에 귀를 기울이는 사람은 세상이 감당할 수 없는 사람입니다. 절망 속에서도 포기하지 않고 희망을 꿈꿉니다.

예수님께서는 우리를 위해 십자가의 고난을 담당하심으로써 모든 죄를 용서하셨습니다. 예수님의 대적자들은 자신들의 계략으로 예수님을 십자가에 매달았다고 생각했지만, 모든 것은 하나님의 계획과 예수님의 자발적인 순종의 결과였습니다. 그리고 예수님께서는 그 이유에 대해 하나님을 사랑하고 우리를 사랑하셨기 때문이라고 말씀하셨습니다. 그러므로 하나님 사랑과 이웃 사랑은 우리의 삶이 끝날 때까지 우리가 따르고 순종해야 할 최고의 계명이며 예수님의 뜻임을 기억하시기 바랍니다.

묵상을 위한 질문

1. 예수님께서는 성령님의 주요한 사역 두 가지가 무엇이라고 말씀하셨습니까(요 14:26)?

2. 예수님께서 성령님을 '그것'이 아닌 '그'라는 인칭 대명사를 사용하여 부르신 것은 성령님의 어떤 특징을 나타냅니까(요 14:26)?

3. 예수님께서 주시는 평안은 어떤 특징이 있습니까(요 14:27)?

4. 예수님께서 제자들에게 예수님의 고난에 관해 미리 말씀하신 이유는 무엇입니까(요 14:29)?

5. 예수님께서 말씀하신 '이 세상 임금'은 누구입니까(요 14:30)?

6. 세상의 환경에 흔들리지 않고 예수님만 의지하기 위해 당신은 어떤 노력을 하고 있습니까?

암송 성구

"평안을 너희에게 끼치노니 곧 나의 평안을 너희에게 주노라 내가 너희에게 주는 것은 세상이 주는 것과 같지 아니하니라 너희는 마음에 근심하지도 말고 두려워하지도 말라" 요 14:27

"너희가 내 안에 거하고
내 말이 너희 안에 거하면
무엇이든지 원하는 대로 구하라
그리하면 이루리라"

Chapter

15

A Commentary on the Gospel of John

참포도나무이신 예수님

포도나무와 가지 (요 15:1-17)

진리의 성령이 오시면 (요 15:18-27)

John

요 15:1-17

"나는 참포도나무요 내 아버지는 농부라 무릇 내게 붙어 있어 열매를 맺지 아니하는 가지는 아버지께서 그것을 제거해 버리시고 무릇 열매를 맺는 가지는 더 열매를 맺게 하려 하여 그것을 깨끗하게 하시느니라 너희는 내가 일러준 말로 이미 깨끗하여졌으니 내 안에 거하라 나도 너희 안에 거하리라 가지가 포도나무에 붙어 있지 아니하면 스스로 열매를 맺을 수 없음같이 너희도 내 안에 있지 아니하면 그러하리라 나는 포도나무요 너희는 가지라 그가 내 안에, 내가 그 안에 거하면 사람이 열매를 많이 맺나니 나를 떠나서는 너희가 아무것도 할 수 없음이라 사람이 내 안에 거하지 아니하면 가지처럼 밖에 버려져 마르나니 사람들이 그것을 모아다가 불에 던져 사르느니라 너희가 내 안에 거하고 내 말이 너희 안에 거하면 무엇이든지 원하는 대로 구하라 그리하면 이루리라 너희가 열매를 많이 맺으면 내 아버지께서 영광을 받으실 것이요 너희는 내 제자가 되리라 아버지께서 나를 사랑하신 것같이 나도 너희를 사랑하였으니 나의 사랑 안에 거하라 내가 아버지의 계명을 지켜 그의 사랑 안에 거하는 것같이 너희도 내 계명을 지키면 내 사랑 안에 거하리라 내가 이것을 너희에게 이름은 내 기쁨이 너희 안에 있어 너희 기쁨을 충만하게 하려 함이라 내 계명은 곧 내가 너희를 사랑한 것같이 너희도 서로 사랑하라 하는 이것이니라 사람이 친구를 위하여 자기 목숨을 버리면 이보다 더 큰 사랑이 없나니 너희는 내가 명하는 대로 행하면 곧 나의 친구라 이제부터는 너희를 종이라 하지 아니하리니 종은 주인이 하는 것을 알지 못함이라 너희를 친구라 하였노니 내가 내 아버지께 들은 것을 다 너희에게 알게 하였음이라 너희가 나를 택한 것이 아니요 내가 너희를 택하여 세웠나니 이는 너희로 가서 열매를 맺게 하고 또 너희 열매가 항상 있게 하여 내 이름으로 아버지께 무엇을 구하든지 다 받게 하려 함이라 내가 이것을 너희에게 명함은 너희로 서로 사랑하게 하려 함이라"

52

포도나무와 가지

—— 우리가 만약 예수님과 분리되면 우리의 삶은 절망과 낙심으로 가득하게 됩니다. 예수님께서는 우리의 삶에 모든 필요를 공급해 주시는 나무이시며 우리는 그 나무의 가지이기 때문입니다. 가지가 나무와 분리되면 결코 열매를 맺을 수 없습니다. 하지만 가지가 나무에 달려 있기만 하면 언제나 충분한 영양분을 공급받을 수 있습니다. 이처럼 예수님께서 우리에게 끊임없이 넘치는 복을 주시는 이유는 우리를 사랑하시기 때문입니다. 예수님께서는 우리로 하여금 예수님과 연합하여 예수님께서 주시는 풍성한 은혜를 누리라고 말씀하십니다.

1. 포도나무 가지를 깨끗하게 하시는 하나님

"나는 참포도나무요 내 아버지는 농부라" 요 15:1

요한복음에는 예수님께서 "나는 …이다"라고 말씀하신 표현이 7번 나옵니다. 예수님께서는 자신을 '생명의 떡'(6:35), '세상의 빛'(8:12), '양의 문'(10:7), '선한 목자'(10:11), '부활이요 생명'(11:25), '길이요 진리요 생명'(14:6), 그리고 마지막으로 여기에서 '참 포도나무'(15:1)라고 말씀하셨습니다. 이러한 7번의 말씀들은 모두 '참 생명과 구원'이라는 주제와 관련되어 있는데, 이는 참생명과 구원의 진정한 근원은 바로 예수 그리스도라는 사실을 알려 줍니다.

예수님께서는 자신을 포도나무에 비유하셨습니다. 나무는 줄기를 통해 잎사귀와 열매에 영양분과 수분을 공급해 줍니다. 구약에서는 하나님과 이스라엘 백성의 관계를 나타내기 위해 포도원의 비유가 자주 사용되었습니다. 그중 대표적인 것이 이사야 5장 1절부터 2절의 말씀입니다.

"나는 내가 사랑하는 자를 위하여 노래하되 내가 사랑하는 자의 포도원을 노래하리라 내가 사랑하는 자에게 포도원이 있음이여 심히 기름진 산에로다 땅을 파서 돌을 제하고 극상품 포도나무를 심었도다 그 중에 망대를 세웠고 또 그 안에 술틀을 팠도다 좋은 포도 맺기를 바랐더니 들포도를 맺었도다"

이 노래는 좋은 열매를 맺는 일이 참으로 중요하다는 것을 우리에게 알려 줍니다. 농부이신 하나님께서는 포도나무가 좋은 열매를 맺게 하기 위하여 기름진 땅을 골라 극상품 포도나무를 심으셨습니다. 그런데 포도나무에 열린 열매는 놀랍게도 좋은 열매가 아니라 들포도였습니다. 땅도 좋고 나무도 좋았는데 어찌된 일인지 열매는 좋지 못했던 것입니다. 이는 포도나무의 가지인 우리 인간들이 포도나무를 저버리고 등을 돌렸기 때문입니다. 나무가 공급해 주는 기름진 영양분과 수분을 거부하고 제멋대로 살았기 때문입니다. 가지가 나무에 생명의 끈으로 연결되어 있지 않으면 아무리 좋은 땅에 좋은 나무를 심는다 해도 좋은 열매를 맺을 수가 없습니다.

"무릇 내게 붙어 있어 열매를 맺지 아니하는 가지는 아버지께서 그것을 제거해 버리시고 무릇 열매를 맺는 가지는 더 열매를 맺게 하려 하여 그것을 깨끗하게 하시느니라" 요 15:2

하나님께서는 좋은 열매를 맺지 않는 가지를 제거하십니다. 왜냐하면 그렇게 할 때 좋은 열매를 맺는 가지들이 더 많은 영양분을 공급받아 더 좋은 열매를 맺을 수 있기 때문입니다. 즉, 가지치기는 하나님께서 우리를 버리신다는 것이 아니라 가지치기의 고난을 통해 결국에는 우리로 하여금 더 좋은 열매를 맺도록 하시겠다는 것을 의미합니다. 그러므로 우리가 좋은 열매를 맺으려면 끊임없이 노력해야 합니다. 그러한 노력에는 가지치기와 같은 고난과 역경의 시기도 포함됩니다. 이때 우리가 잊지 말아야 할 것은 가지치기의 아픔은 그 자체로 목적이 아니라 더 좋은 열매를 맺기 위한 과정이라는 사실입니다.

> 가지치기의 아픔은 그 자체로 목적이 아니라 더 좋은 열매를 맺기 위한 과정입니다.

우리 중에 완전한 사람은 아무도 없습니다. 누구나 극복해야 할 약점들을 가지고 있습니다. 이러한 것들은 우리가 앞으로 나아가는데 장애가 되어 우리를 힘들게 하고 넘어지게 만듭니다. 그래서 우리가 한걸음 더 앞으로 나아가기 위해서는 반드시 이러한 약점들을 극복해야 합니다. 이때 환난은 우리를 연단시켜서 그러한 약점들을 극복할 수 있는 계기를 제공합니다(롬 5:3-4). 그러므로 고난이 찾아왔을 때 낙심하지 마시기 바랍니다. 우리가 실패하는 이유는 어려운 상황 때문이 아니라 그 상황을 원망하고 불평하는 우리의 부정적인 생각과 마음 때문입니다. 어려운 환경은 마음먹기에 따라 얼마든지 극복할 수 있습니다. 그러나 우리 마음에 부정적인 생각이 가득하면 우리는 반드시 멸망의 수렁에 빠질 수밖에 없습니다. 우리의 마음을 긍정적인 생각으로 채우고 어떤 상황 속에서도 좋으신 하나님을 의지하면 어떠한 고난도 이겨낼 수 있습니다.

"너희는 내가 일러준 말로 이미 깨끗하여졌으니 내 안에 거하라 나도 너희 안에 거하리라 가지가 포도나무에 붙어 있지 아니하면 스스로 열매를 맺을 수 없음같이 너희도 내 안에 있지 아니하면 그러하리라" 요 15:3-4

예수님께서는 두려움에 사로잡혀 있던 제자들에게 더 이상은 그들에게 고통스런 가지치기가 없을 것이라고 말씀하셨습니다. 그들은 이미 예수님께서 그동안 하신 말씀을 통해서 깨끗하게 되었기 때문입니다. 말씀은 우리를 깨끗하게 하는 능력이 있습니다. 그러므로 우리는 주님의 말씀으로 늘 우리 자신을 깨끗이 씻어야 합니다. 말씀의 거울 앞에 자신의 모습을 비춰보고, 말씀으로 스스로의 삶을 정결하게 하여 주님 보시기에 아름다운 모습으로 바뀌어야 합니다. 그러면 하나님께서 우리의 삶을 통해 반드시 역사해 주십니다.

그렇다면 우리가 어떻게 해야 좋은 열매를 맺을 수 있을까요? 예수님께서는 제자들을 향해 그 방법을 설명해 주셨는데, 그것은 바로 예수님과 늘 동행하라는 것이었습니다. 그리스도인의 삶의 완성은 예수님과의 연합으로 이루어집니다. 예수님과 연합한다는 것은 예수님을 닮아가는 것입니다. 즉, 우리 자신이 이 땅 가운데 작은 예수가 되어 예수님의 가르침을 실천하며 사는 것입니다. 그래서 사도 바울은 다음과 같이 고백합니다.

"내가 그리스도와 함께 십자가에 못 박혔나니 그런즉 이제는 내가 사는 것이 아니요 오직 내 안에 그리스도께서 사시는 것이라 이제 내가 육체 가운데 사는 것은 나를 사랑하사 나를 위하여 자기 자신을 버리신 하나님의 아들을 믿는 믿음 안에서 사는 것이라"(갈 2:20)

우리는 더 이상 우리의 것이 아닙니다. 우리는 예수님의 것입니다. 예수님께서는 우리 안에 거하시면서 예수님의 말씀을 지키게 하시고 예수님의 영광을 나타나게 하십니다. 이에 대해 A. W. 토저 목사님은 이렇게 말했습니다.

"그리스도인은 어느 정도로 예수님과 하나가 되어야 하는가? 그분이 어디로 가시든지 끝까지 따라갈 만큼, 그분이 지지하시는 것은 무엇이든지 지지할 만큼, 그분이 반대하시는 것은 무엇이든지 반대할 만큼, 그분의 친구를 자기의 친구로 삼을 만큼, 그분의 원수를 자기의 원수로 삼을 만큼, 하나가 되어야 한다. 그리스도인은 예수님과 하나가 되어 예수님께로부터 생명을 얻는다. 이것이 바로 '예수님을 믿는다' 는 고백의 의미이다."

이처럼 예수님과 연합한다는 것은 예수님과 완전히 하나가 되는 것을 의미합니다. 우리는 생각이나 말, 그리고 행동 하나하나까지 모두 예수님을 닮아야 합니다. 이것이 바로 작은 예수의 삶입니다. 그래서 "예수님을 믿습니다."라고 고백하는 것은 삶의 변화를 전제합니다. 예수님을 믿으면 예수님과 하나가 되고, 예수님을 닮으면 우리의 삶 속에서 우리 자신의 모습은 사라지고 예수님의 모습만 남게 되기 때문입니다. 그러므로 진정한 믿음을 소유한다는 것은 다른 사람을 바꾸려고 하기 전에 먼저 자기 자신이 변화를 받는 것임을 기억하시기 바랍니다.

2. 열매를 많이 맺는 비결

"나는 포도나무요 너희는 가지라 그가 내 안에, 내가 그 안에 거하면 사람이 열매를 많이 맺나니 나를 떠나서는 너희가 아무것도 할 수 없음이라 사람이 내 안에 거하지 아니하면 가지처럼 밖에 버려져 마르나니 사람들이 그것을 모아다가 불에 던져 사르느니라" 요 15:5-6

예수님께서는 앞선 4절에서 우리가 예수님 안에, 그리고 예수님께서 우리 안에 거하시면 우리가 열매를 맺을 수 있다고 말씀하셨습니다. 그리고 5절에서는 그 말씀을 다시 한 번 반복하시면서 우리가 예수님 안에, 예수님께서 우리 안에 거하시면 많은 열매를 맺을 것이라고 말씀하셨습니다.

하지만 그 반대의 경우, 즉 가지가 포도나무와 분리되면 아무 쓸모가 없습니다. 제가 어릴 적에 살던 집 앞에 포도나무가 있었습니다. 겨울에 포도나무를 보면 구불구불한 생김새 때문에 굉장히 볼품없어 보입니다. 그런데 겨울이 지나고 봄이 오면 포도나무에 싹이 돋고 잎이 나기 시작합니다. 그리고 여름에는 포도 열매가 풍성하게 맺힙니다. 포도나무의 진가는 바로 그때 나타납니다. 하지만 어떤 가지는 열매가 열리지 않아 여전히 초라한 모습 그대로 남아 있기도 했습니다. 포도나무는 단단하지도 않고 구불구불하게 생겨서 목재로는 사용할 수 없습니다. 따라서 열매를 맺지 못하는 가지는 잘라서 버려질 뿐입니다. 열매야말로 포도나무의 가치를 나타내는 척도입니다. 마찬가지로 예수님 안에 거하지 않는 사람은 영원한 불의 심판을 피할 수 없습니다. 예수님과의 연합이 생명을 의미한다면 예수님과의 단절은 당연히 죽음을 의미합니다.

열매야말로 포도나무의 가치를 나타내는 척도입니다.

요한삼서 2절은 "사랑하는 자여 네 영혼이 잘됨같이 네가 범사에 잘되고 강건하기를 내가 간구하노라"고 말씀합니다. 즉, 우리의 영혼이 잘될 때 범사가 잘되고 강건하게 되는 복을 누릴 수 있습니다. 그런데 예수님과 단절된 사람은 이미 그 영이 생명을 잃었기 때문에 그의 범사도 형통할 수 없고 그의 육신도 강건할 수가 없습니다. 따라서 예수님과의 동행은 우리의 영과 혼과 육신을 형통하게 하는 시작이자 끝입니다.

"너희가 내 안에 거하고 내 말이 너희 안에 거하면 무엇이든지 원하는 대로 구하라 그리하면 이루리라 너희가 열매를 많이 맺으면 내 아버지께서 영광을 받으실 것이요 너희는 내 제자가 되리라" 요 15:7-8

이러한 의미에서 예수님께서는 제자들을 향해 "너희가 내 안에 거하고 내 말이 너희 안에 거하면 무엇이든지 원하는 대로 구하라 그리하면 이루리라"고 말씀하셨습니다. 예수님께서 말씀하신 것의 강조점은 '예수님과의 분리된 사람'을 벌하시겠다는 것이 아니라, '예수님과 연합된 사람'에게 풍성한 은혜와 복을 주시겠다는 것입니다. 그러므로 예수님과 동행하는 사람은 무엇을 구하든지 모두 이룰 수 있다는 것이 예수님의 가르침의 핵심입니다.

예수님께서는 그 이유에 대해 열매를 많이 맺는 사람은 하나님께 영광을 돌리게 되며 그로 인해 예수님의 제자가 되기 때문이라고 말씀하셨습니다. 요한복음에서 15장 이전까지 "내 제자가 되리라"는 표현은 두 번 나왔습니다(요 8:31, 13:35). 이 두 구절을 살펴보면 예수님의 제자가 되는 방법은 첫째, 예수님의 말씀 안에 거하는 것과 둘째, 서로 사랑하라는 예수님의 새 계명을 지키는 것입니다. 그리고 15장에서 예수님께서는 열매를 많이 맺는 사람이 예수님의 제자가 된다고 말씀하셨습니다. 이 세 가지를 종합해 보면 예수님의 제자가 되는 길은 예수님의 말씀 안에 거하며, 서로 사랑하며, 선한 열매를 많이 맺는 것입니다. 이 세 가지 방법은 모두 예수님을 닮은 작은 예수의 삶을 사는 길입니다.

3. 내 사랑 안에 거하라

"아버지께서 나를 사랑하신 것같이 나도 너희를 사랑하였으니 나의 사랑 안에 거하라" 요 15:9

예수님께서는 하나님과 예수님의 관계를 모델로 하여 제자들에게 가르침을 주셨습니다. 즉, 예수님께서는 제자들을 향한 사랑이 성부 하나님께서 성자 예수님을 사랑하신 것과 같은 사랑이라고 말씀하셨습니다. 삼위일체 하나님 사이에 존재하는 사랑의 관계가 우리 인간에게도 똑같이 적용된다는 것입니다. 이처럼 우리를 향한 예수님의 사랑은 그 누구도 끊을 수 없을 만큼 강하고 완전합니다.

"누가 우리를 그리스도의 사랑에서 끊으리요 환난이나 곤고나 박해나 기근이나 적신이나 위험이나 칼이랴 기록된바 우리가 종일 주를 위하여 죽임을 당하게 되며 도살당할 양같이 여김을 받았나이다 함과 같으니라 그러나 이 모든 일에 우리를 사랑하시는 이로 말미암아 우리가 넉넉히 이기느니라 내가 확신하노니 사망이나 생명이나 천사들이나 권세자들이나 현재 일이나 장래 일이나 능력이나 높음이나 깊음이나 다른 어떤 피조물이라도 우리를 우리 주 그리스도 예수 안에 있는 하나님의 사랑에서 끊을 수 없으리라"(롬 8:35-39)

예수님의 사랑이 더욱 놀라운 것은 아무런 조건 없이 우리에게 주어진다는 사실 때문입니다. 예수님께서는 우리에게 단지 예수님의 사랑 안에 거하라고만 말씀하십니다. 하지만 이것조차 예수님의 사랑을 받기 위한 조건이 아닙니다. 우리가 예수님의 사랑 안에 거함으로

예수님의 사랑은 아무런 조건이 없는, 대가를 바라지 않는, 가장 완전한 자기희생적 사랑입니다.

써 사랑을 받는 것이 아니라, 예수님의 사랑을 먼저 받았기 때문에 그 사랑 안에 거하는 것입니다. 예수님의 사랑은 아무런 조건이 없는, 대가를 바라지 않는, 가장 완전한 자기희생적 사랑입니다.

> **"내가 아버지의 계명을 지켜 그의 사랑 안에 거하는 것같이 너희도 내 계명을 지키면 내 사랑 안에 거하리라"** 요 15:10

예수님께서는 계속해서 우리가 예수님의 사랑에 거할 수 있는 방법을 설명해 주셨습니다. 먼저 예수님께서는 하나님 아버지의 계명을 지켜 그분의 사랑 안에 거하신다고 말씀하셨습니다. 그러므로 우리가 예수님의 계명을 지키면 우리 역시 예수님의 사랑 안에 거하게 됩니다.

우리의 가장 큰 약점은 하나님의 은혜와 복을 받기 위해서 많은 노력을 하면서도 정작 말씀을 지키는 것의 중요성은 잘 모른다는 것입니다. 우리는 예수님의 말씀대로 사는 것이 하나님의 복을 받는 지름길임을 알아야 합니다. 우리가 참으로 예수님의 말씀처럼 우리의 이웃을 사랑하고 용서하면 우리의 영혼이 새 생명을 얻게 됩니다. 놀라운 기쁨과 참평안을 얻게 됩니다. 그리고 영혼이 잘됨같

우리의 가장 큰 약점은 하나님의 은혜와 복을 받기 위해서 많은 노력을 하면서도 정작 말씀을 지키는 것의 중요성은 잘 모른다는 것입니다.

이 우리의 범사가 늘 형통하고 육신은 강건해지는 복을 누리게 되는 것입니다. 그러므로 예수님의 계명을 지킴으로써 예수님의 사랑 안에 거하시기 바랍니다.

"내가 이것을 너희에게 이름은 내 기쁨이 너희 안에 있어 너희 기쁨을 충만하게 하려 함이라" 요 15:11

예수님께서는 우리가 예수님의 사랑 안에 거한 결과에 대해서 "내 기쁨이 너희 안에 있어 너희 기쁨을 충만하게 하려 함이라"고 말씀하셨습니다. 결국 예수님의 계명을 지키는 것 그리고 예수님의 사랑 안에 거하는 것은 모두 예수님 때문이 아니라 우리 자신을 위한 것입니다. 즉, 예수님께서 우리로 하여금 예수님의 사랑 안에 거하도록 하신 이유는 우리들에게 넘치는 기쁨을 주시기 위함이었습니다. 옛말에 '내리사랑'이라는 말이 있습니다. 사랑은 위에서 아래로 흐른다는 것입니다. 이처럼 예수님의 사랑은 언제나 우리들을 향해 흐릅니다.

"내 계명은 곧 내가 너희를 사랑한 것같이 너희도 서로 사랑하라 하는 이것이니라 사람이 친구를 위하여 자기 목숨을 버리면 이보다 더 큰 사랑이 없나니" 요 15:12-13

예수님께서는 우리가 예수님의 사랑 안에 거하는 방법은 바로 이웃 사랑의 계명을 지키는 것이라고 강조하셨습니다. 하나님 아버지께서 예수님을 사랑하듯이 예수님께서는 우리를 사랑하십니다. 그리고 우리는 그 사랑을 받기 위해 예수님의 사랑 안에 거해야 하는데 그 방법은 예수님의 계명을 지키는 것입니다.

그런데 예수님께서는 그 계명이 바로 이웃 사랑이라고 말씀하셨습니다. 따라서 이웃 사랑은 근본적으로 우리가 예수님의 계명을 지키는 것이며, 이를 통해 예수님의 사랑 안에 거하는 것이고, 결국 우리 안에 기쁨이 충만하게 되는 방법입니다. 그러므로 이웃 사랑의 계명은 예수님의 사랑을 받기 위한 조건이 아니라 오히려 우리 자신의 삶을 더욱 풍성하게 하기 위한 것입니다. 다시 말해 이웃 사랑의 계명을 지키는 것은 예수님을 위해서가 아니라 우리 자신을 위해서라는 것입니다.

예수님께서는 그 이유에 대해 친구를 위하여 자신의 목숨을 버리는 것이 가장 큰 사랑이라고 말씀하셨습니다. 여기서 예수님께서 말씀하신 '친구'의 원어는 '사랑하는 자'를 뜻합니다. 즉, 예수님께서 말씀하신 '친구'란 예수님께서 사랑하시는 사람을 의미합니다. 예수님께서는 친히 예수님의 '친구'인 우리들을 위해 목숨을 버리심으

예수님의 사랑을 받은 우리가 우리의 이웃을 사랑하는 것은 당연한 것입니다.

로써 우리를 향한 가장 큰 사랑을 실천하셨습니다. 그러므로 예수님의 사랑을 받은 우리가 우리의 이웃을 사랑하는 것은 당연한 것입니다. 이에 대해 요한일서 3장 16절은 "그가 우리를 위하여 목숨을 버리셨으니 우리가 이로써 사랑을 알고 우리도 형제들을 위하여 목숨을 버리는 것이 마땅하니라"고 말씀했습니다.

"너희는 내가 명하는 대로 행하면 곧 나의 친구라 이제부터는 너희를 종이라 하지 아니하리니 종은 주인이 하는 것을 알지 못함이라 너희를 친구라 하였노니 내가 내 아버지께 들은 것을 다 너희에게 알게 하였음이라" 요 15:14-15

예수님께서는 누가 예수님의 친구인지에 대해 '내가 명하는 대로 행하는 사람'이라고 좀 더 명확하게 설명하셨습니다. 미국 그레이스커뮤니티교회의 존 맥아더 목사님은 이에 대해 다음과 같이 말했습니다.

"14절이 어떤 원리로 시작하고 있는지 우리는 알아야 한다. 그것은 바로 순종이다. 순종은 예수님의 친구가 된 사람의 유일한 증거이다. 예수님의 명령에 대한 무조건적인 순종은 예수님을 향한 필연적이고, 당연하고, 자연스러운 열매이다."

예수님께서는 제자들을 향해 '친구'라고 부르겠다고 말씀하셨습니다. 스승과 제자의 관계가 친구의 관계로 변화된 것입니다. 이는 제자들을 향한 예수님의 사랑을 잘 보여 줌과 동시에, 이제 제자들이 예수님의 품을 떠나 그동안 예수님께 배운 것들을 세상에 알려야 한다는 것을 의미했습니다.

"너희가 나를 택한 것이 아니요 내가 너희를 택하여 세웠나니 이는 너희로 가서 열매를 맺게 하고 또 너희 열매가 항상 있게 하여 내 이름으로 아버지께 무엇을 구하든지 다 받게 하려 함이라 내가 이것을 너희에게 명함은 너희로 서로 사랑하게 하려 함이라" 요 15:16-17

예수님께서는 제자들이 세상에서 열매를 맺고 또 열매가 항상 있게 되기를 원하셨습니다. 예수님의 사랑은 제자들을 통해 온 세상에 전파되어야 했습니다. 그들은 예수님의 사랑의 통로로 선택되었습니다. 그들은 자신들이 받은 예수님의 사랑을 예수님께서 승천하신 이후에 세상 사람들에게 전해야 할 임무를 부여받은 것입니다. 그리고 제자들은 예수님의 말씀대로 살면서 예수님의 이름으로 하나님 아버지께 구하면 무엇이든지 받을 수 있는 특권도 부여받았습니다. 그러므로 세상을 향한 제자들의 사랑 실천은 결국 제자들 자신에게도 유익한 것이었습니다.

이웃 사랑의 실천은 서로 사랑으로 완성됩니다. 우리가 먼저 우리의 이웃을 사랑하면 그 사랑을 받은 이웃들이 다른 사람들을 사랑하고, 이처럼 사랑의 물결이 사람들 사이에서 퍼지면 결국 우리 자신도 다른 사람들로부터 사랑을 받게 됩니다. 그렇기 때문에 예수님께서 처음에는 제자들을 향해 이웃 사랑을 실천하라고 하셨지만, 말씀의 마지막에서는 "이는 너희로 서로 사랑하게 하려 함이라."로 하신 것입니다. 결국 예수님께서 원하셨던 것은 제자들을 시작으로 온 세상에 예수님의 사랑이 퍼지는 것이었습니다.

사랑하는 여러분, 진정한 사랑은 관심으로부터 시작됩니다. 이웃을 향한 작은 관심이 작은 도움으로 이어지고, 그 도움들이 모이면 이웃의 삶을 바꾸는 힘이 되는 것입니다. 그렇게 변화된 인생이 모이면 결국 세상이 바뀌는 놀라운 결과를 가져 옵니다. 초대 교회 시절 로마 제국의 극심한 박해 속에서도 그리스도인들은 사랑으로 하나가 되어 서로의 필요를 채워 주었습니다. 그 결과 예수 그리스도의 복음이 로마 전역을 뒤덮었을 뿐만 아니라, 로마가 무너진 이후에도 교회는 결코 흔들리지 않고 오히려 유럽을 넘어 전 세계로 전파되었습니다. 이처럼 사랑의 실천은 놀라운 능력을 발휘합니다. 그러므로 예수님의 사랑 안에 살면서 그 사랑을 전하는 일에 최선을 다하시기 바랍니다. 우리가 전하는 예수님의 사랑으로 말미암아 이 세상이 그리스도의 향기로 가득하게 될 것입니다.

묵상을 위한 질문

1. 예수님께서는 자신과 하나님의 관계를 무엇으로 비유하셨습니까(요 15:1)?

2. 예수님께서는 우리와 예수님의 관계를 무엇으로 비유하셨으며 그 비유가 의미하는 것은 무엇입니까(요 15:2)?

3. 우리가 믿음의 열매를 맺기 위해서 해야 할 일은 무엇입니까(요 15:4)?

4. 우리가 예수님과 함께 거하기 위해서 지켜야 할 계명은 무엇입니까(요 15:9-10)?

5. 예수님께서 우리로 하여금 예수님 안에 거하라고 말씀하신 이유는 무엇입니까(요 15:11)?

6. 예수님께서는 무엇이 가장 큰 사랑이라고 말씀하셨습니까(요 15:12)?

7. 당신은 서로 사랑하라는 예수님의 계명을 실천하기 위해 어떤 노력을 하고 있습니까?

암송 성구

"내가 이것을 너희에게 명함은 너희로 서로 사랑하게 하려 함이라" 요 15:17

서로
사랑하라

요 15:18-27

"세상이 너희를 미워하면 너희보다 먼저 나를 미워한 줄을 알라 너희가 세상에 속하였으면 세상이 자기의 것을 사랑할 것이나 너희는 세상에 속한 자가 아니요 도리어 내가 너희를 세상에서 택하였기 때문에 세상이 너희를 미워하느니라 내가 너희에게 종이 주인보다 더 크지 못하다 한 말을 기억하라 사람들이 나를 박해하였은즉 너희도 박해할 것이요 내 말을 지켰은즉 너희 말도 지킬 것이라 그러나 사람들이 내 이름으로 말미암아 이 모든 일을 너희에게 하리니 이는 나를 보내신 이를 알지 못함이라 내가 와서 그들에게 말하지 아니하였더라면 죄가 없었으려니와 지금은 그 죄를 핑계할 수 없느니라 나를 미워하는 자는 또 내 아버지를 미워하느니라 내가 아무도 못한 일을 그들 중에서 하지 아니하였더라면 그들에게 죄가 없었으려니와 지금은 그들이 나와 내 아버지를 보았고 또 미워하였도다 그러나 이는 그들의 율법에 기록된바 그들이 이유 없이 나를 미워하였다 한 말을 응하게 하려함이라 내가 아버지께로부터 너희에게 보낼 보혜사 곧 아버지께로부터 나오시는 진리의 성령이 오실 때에 그가 나를 증언하실 것이요 너희도 처음부터 나와 함께 있었으므로 증언하느니라"

53

진리의 성령이 오시면

——— 예수님께서는 그리스도인이 이 땅에서 살아갈 때 예수님의 이름으로 말미암아 고난과 박해를 당할 것이라고 말씀하셨습니다. 이는 그리스도인들이 이 세상 풍조와 공중의 권세 잡은 자(엡 2:2)가 아니라 오직 예수님만을 따르기로 작정했기 때문입니다. 세상으로부터 미움을 받는다는 것은 오히려 우리가 예수 그리스도께 속해 있다는 증거입니다. 또한 예수님께서 보내신 보혜사 성령님께서는 성도들이 환난 가운데 있을 때 성도들을 도우시며 위로해 주십니다. 우리는 통치자들과 권세들과 이 어둠의 세상 주관자들과 하늘에 있는 악의 영들(엡 6:12)을 두려워 할 필요가 없습니다. 예수님께서는 우리를 향해 "세상에서는 너희가 환난을 당하나 담대하라 내가 세상을 이기었노라"(요 16:33)고 말씀하셨습니다.

1. 세상이 너희를 미워하는 이유

"세상이 너희를 미워하면 너희보다 먼저 나를 미워한 줄을 알라"
요 15:18

예수님께서는 세상이 제자들과 그리스도인들을 미워할 것이라고 말씀하셨습니다. 이는 세상이 그들의 믿음의 대상이신 예수 그리스도를 미워하기 때문입니다. 이때 예수님께서 말씀하신 '세상'은 일반적인 의미에서 우리가 사는 세상을 뜻하는 것이 아니라 하나님과 예수님께 대적하는 흑암의 세력을 말합니다. 그런데 주의해야 할 것은 하나님을 대적하는 세력이라고 해서 모두 흉악한 죄인의 모습을 하고 있는 것은 아니라는 사실입니다. 예수님 당시 예수님을 십자가에 못 박은 사람들은 이스라엘의 종교 지도자들이었습니다. 바리새인과 사두개인으로 대표되는 그들은 이스라엘 백성들의 눈으로 보기에는 누구보다도 경건하고 양심적인 신앙인이었습니다. 그러나 겉으로 보기엔 천사와도 같았던 그들이 사실은 예수님을 가장 미워하고 경멸했던 독사의 자식들이었습니다.

"요한이 많은 바리새인들과 사두개인들이 침례 베푸는 데로 오

는 것을 보고 이르되 독사의 자식들아 누가 너희를 가르쳐 임박한 진노를 피하라 하더냐" (마 3:7)

"너희가 세상에 속하였으면 세상이 자기의 것을 사랑할 것이나 너희는 세상에 속한 자가 아니요 도리어 내가 너희를 세상에서 택하였기 때문에 세상이 너희를 미워하느니라 내가 너희에게 종이 주인보다 더 크지 못하다 한 말을 기억하라 사람들이 나를 박해하였은즉 너희도 박해할 것이요 내 말을 지켰은즉 너희 말도 지킬 것이라" 요 15:19-20

예수님께서는 세상이 그리스도인들을 미워하는 또 다른 이유에 대해서도 말씀하셨습니다. 그것은 첫째, 우리가 세상에 속하지 않았기 때문입니다. 우리가 예수님을 우리의 구주로 영접하는 순간 우리는 하나님의 자녀가 됩니다. 따라서 우리의 소속이 세상 주관자인 마귀로부터 하나님께로 바뀌는 것입니다. 둘째, 예수님께서 우리를 세상에서 택하셨기 때문입니다. '세상에서 택함을 받아 세상 밖으로 부르심을 입은 사람들' 이란 뜻을 가진 헬라어 원어가 바로 '교회' 입니다. 즉, 예수님께서 세상으로부터 택하셔서 하나님의

예수님께서 세상으로부터 택하셔서 하나님의 자녀로 삼은 사람들이 모이는 곳이 바로 교회입니다.

자녀로 삼은 사람들이 모이는 곳이 바로 교회입니다. 세상이 예수님을 미워하기 때문에 예수님께 택함 받은 우리를 미워하는 것은 당연한 일입니다.

한 걸음 더 나아가 세상은 예수님을 박해했듯이 그리스도인들도 박해할 것입니다. 하지만 이러한 박해는 오히려 예수님과 그리스도인들이 완전히 연합되었음을 말해 줍니다. 그리고 예수님의 말씀을 받아들인 사람들이 있듯이 제자들, 곧 우리가 전하는 복음을 받아들일 사람들도 있기 때문에 박해만 있는 것이 아닙니다. 또한 우리가 예수님께서 받으신 고난을 그대로 받는다는 것은 곧 우리가 예수님의 참제자가 되었다는 증거입니다.

"그러나 사람들이 내 이름으로 말미암아 이 모든 일을 너희에게 하리니 이는 나를 보내신 이를 알지 못함이라" 요 15:21

예수님께서는 궁극적으로 세상 사람들이 그리스도인들을 박해하는 이유는 그들이 하나님을 알지 못하기 때문이라고 말씀하셨습니다. 예수님의 말씀 속에는 예수님과 하나님의 밀접한 관계가 내포되어 있습니다. 세상 사람들은 예수님의 이름으로 인해 그리스도인들을 미워한다고 생각했지만, 정작 그들의 행동은 하나님을 알지 못하는 자들의 모습입니다. 즉, 예수님을 미워하는 사람들은 하나님을 알지도 못하고 믿지도 않는 사람들입니다. 왜냐하면 예수님과 하나님은 한 분이신 삼위일체의 하나님이시기 때문입니다. 예수님을 박해했던 유대 종교 지도자들은 예수님께서 신성모독을 했기 때문에 자신들의 행위가 하나님을 위한 일이라고 생각했습니다. 그러나 예수님께서 신성모독을 했다고 생각하는 것 자체가 이미 예수님을 모른다는 사실을 말해 줍니다. 그들은 예수님을 미워하는 것이 곧 하나님을 미워하는 것임을 알지 못했던 것입니다.

2. 변명할 수 없는 죄

"내가 와서 그들에게 말하지 아니하였더라면 죄가 없었으려니와 지금은 그 죄를 핑계할 수 없느니라 나를 미워하는 자는 또 내 아버지를 미워하느니라" 요 15:22-23

예수님께서는 예수님과 제자들을 박해하는 자들의 죄에 대해 말씀하셨습니다. 예수님께서는 이 땅에 오셔서 진리의 말씀을 선포하셨습니다. 따라서 예수님의 말씀을 듣고도 예수님을 믿지 않은 사람들은 더 이상 죄가 없다고 변명을 할 수 없게 되었습니다.

예수님께서는 이 세상에 빛으로 오셨습니다. 그 빛으로 나오지 않는 사람들은 여전히 어둠 속에 남아 있기 때문에 심판을 면할 수 없습니다. 예수님의 오심은 온 인류를 위한 구원의 완성인 동시에, 그 구원의 길에 참여하지 않는 사람들에게는 심판을 의미합니다.

"나를 저버리고 내 말을 받지 아니하는 자를 심판할 이가 있으니 곧 내가 한 그 말이 마지막 날에 그를 심판하리라" (요 12:48)

예수님께서는 그 이유에 대해서 좀 더 구체적으로 "나를 미워하는 자는 또 내 아버지를 미워하느니라" 고 말씀하셨습니다. 예수님과 하나님은 한 분이시기 때문입니다. 마찬가지로 예수님을 믿는 그리스도인들은 예수님과 하나로 연합되어 있습니다. 따라서 그리스도인을 미워하는 것은 예수님을 미워하는 것과 같습니다. 또한 믿는 사람들끼리의 다툼과 분쟁도 결국은 예수님을 박해하는 것이 됩니다. 내가 미워하는 그 사람도 나와 같은 예수님을 믿는 사람이기에 내가 그를 미워하는 것은 곧 예수님을 미워하는 것이 됩니다.

> 예수님을 믿는 그리스도인들은 예수님과 하나로 연합되어 있습니다.

예수님께서는 교회의 머리가 되시고 교회는 예수님의 몸입니다. 그런데 몸의 지체끼리 서로 다투고 싸우면 결국 모든 고통은 교회의 주인이신 예수님께서 당하십니다. 따라서 교회 내의 성도들끼리, 또한 교회와 교회간의 다툼과 분쟁은 예수님을 상처 입히는 행동임을 잊지 마시기 바랍니다. 성도들은 반드시 사랑과 용서로 서로 하나가 되어야 합니다.

한국 교회의 초기 역사를 살펴보면 '날 연보' 라는 개념이 있었습니다. 이는 우리가 물질의 헌금을 하나님께 드리듯 날짜 중에 하루를 정해 하나님 앞에 드리는 것을 의미했습니다. 즉, '날 연보'는 하나님께 물질이 아니라 시간을 드리는 것입니다. 그래서 그 시간만큼은 온전히 주님을 섬기는 일에 집중했습니다. 예배를 드리거나 성경을 읽었습니다. 물론 이것은 누가 강제적으로 정해 주는 것이 아니라 스스로가 결단하는 것이었습니다. 이러한 하나님을 향한 순수한 열정과 사랑이 초기 한국 교회의 큰 부흥을 가져온 밑거름이 되었습니다.

"내가 아무도 못한 일을 그들 중에서 하지 아니하였더라면 그들에게 죄가 없었으려니와 지금은 그들이 나와 내 아버지를 보았고 또 미워하였도다 그러나 이는 그들의 율법에 기록된바 그들이 이유 없이 나를 미워하였다 한 말을 응하게 하려 함이라" 요 15:24-25

예수님께서 이 땅 가운데 행하신 일들은 모두 놀라운 기적들이었습니다. 그 일들은 예수님께서 하나님의 보내심을 받은 분이시라는 사실을 충분히 증명했습니다. 그래서 예수님께서는 그 일들을 '아무도 못한 일' 이라고 표현하셨습니다. 그렇기 때문에 그 일들을 보고도 예수님을 믿지 않는다는 것은 곧 하나님을 믿지 않는다는 것을 의미했습니다. 그런데 유대 종교 지도자들은 여전히 예수님께서 누구이신지 알지 못했을 뿐만 아니라 예수님을 미워하기까지 했으니 결코 그들에게 죄가 없다고 말할 수 없었습니다.

마태복음 21장 33절부터 44절을 보면 예수님께서 악한 농부들에 대한 비유의 말씀이 나옵니다. 그들은 포도원 주인이 보낸 종들을 심히 때리거나 돌로 쳤으며, 주인의 상속자인 아들이 오자 주인의 유업을 차지하려는 욕심에 그를 죽였습니다. 이와 같이 예수님에 대한 유대 종교 지도자들의 적의는 곧 하나님을 향한 것입니다. 그들은 예수님께서 행하신 일들을 이미 눈으로 보았기 때문에 자신들의 행위에 대해 더 이상 어떠한 변명도 할 수가 없게 되었습니다. 하지만 예수님께서는 "이는 그들의 율법에 기록된바 그들이 이유 없이 나를 미워하였다 한 말을 응하게 하려 함이라" 고 말씀하시며 그들의 이러한 어리석음까지도 이미 하나님께서 알고 계셨음을 나타내셨습니다. 여기서 예수님께서는 시편 35편 19절과 69편 4절의 말씀 일부를 인용하셨습니다.

"부당하게 나의 원수된 자가 나로 말미암아 기뻐하지 못하게 하

시며 까닭 없이 나를 미워하는 자들이 서로 눈짓하지 못하게 하소서" (시 35:19)

"까닭 없이 나를 미워하는 자가 나의 머리털보다 많고 부당하게 나의 원수가 되어 나를 끊으려 하는 자가 강하였으니 내가 빼앗지 아니한 것도 물어 주게 되었나이다" (시 69:4)

유대 종교 지도자들은 자신들의 손으로 하나님의 계획을 이룰 수 있다고 자만했기 때문에 예수님께서 하나님의 일을 행하시는 모습을 눈으로 보고서도 예수님을 믿지 못했습니다. 이때 본문에서 '이유 없이'라는 표현의 원어는 '부당하게'라는 의미도 가지고 있습니다. 즉, 그들은 그저 아무런 생각 없이 예수님을 미워한 것이 아니라 정당하지 못한 이유를 가지고 예수님을 박해하고 십자가에 못 박은 것입니다.

성경은 앞서 가룟 유다의 배신이 사탄의 유혹 때문이라고 말씀했습니다(요 13:26-27). 이처럼 예수님의 적대자들은 사탄의 꾐에 빠져 예수님을 해하려 했지만, 그들의 어리석음은 예수 그리스도의 대속의 죽음을 통해 구원의 길을 여시기 위한 하나님의 큰 계획의

인간은 스스로 높아져 자신이 모든 것을 할 수 있다고 생각하지만, 하나님께서는 그 모든 것을 미리 아시고 그것 또한 선으로 바꾸셨습니다.

범주를 벗어나지 못했습니다. 인간은 스스로 높아져 자신이 모든 것을 할 수 있다고 생각하지만, 하나님께서는 그 모든 것을 미리 아시고 그것 또한 선으로 바꾸셨습니다.

이러한 하나님의 놀라운 섭리는 그리스도인의 삶에서도 동일합니다. 그리스도인에게도 고난은 언제나 예고 없이 찾아옵니다. 그러나 하나님께서는 그러한 환난의 때를 하나님의 구원 계획을 이루시는 도구로 사용하셔서 우리를 부활의 영광으로 인도하십니다. 그러므로 우리는 고난이나 박해를 두려워할 필요가 없습니다. 존 스토트 목사님은 고난에 대해 이렇게 말했습니다.

"살아 있는 교회의 첫째 표지가 사랑이라면, 둘째 표지는 고난입니다. 사랑과 고난은 늘 함께 붙어 다닙니다. 고난을 참고 견디는 자세는 곧 진실한 사랑을 하고 있다는 증거입니다. 왜냐하면 사람들은 진정으로 사랑하는 사람을 위해서라면 어떠한 고난도 마다하지 않기 때문입니다."

오픈도어선교회는 해마다 '세계 기독교 박해 지수'를 조사하고 있습니다. 조사에 의하면, 현재 전 세계 약 일 억 명의 그리스도인들이 신앙을 지키기 위해 박해를 받고 있다고 합니다. 뿐만 아니라 2013년 박해 지수에 따르면, 지난 일 년간(2011년 11월에서 2012년 10월 사이) 약 1,200여 명의 그리스도인이 순교를 했으며, 280여 개의 교회가 파괴되었습니다. 그러나 이런 상황 속에서도 오픈도어선교회는 이렇게 고백했습니다.

"그렇지만 이 박해 지수의 이면에는 희망의 징후가 있습니다. 박해가 증가하는 이유는 곧 교회가 증가하고 있다는 반증이기 때문입니다. 라틴 아메리카와 아프리카에서는 교회의 수가 1970년대에 비해 두 배로 증가했으며, 아시아에서는 그 수가 세 배로 증가했습니다. 이는 박해가 신앙의 성장과 연관이 있음을 보여 주는 증거입니다. 따라서 고난은 믿음을 약화시키기보다는 오히려 연단하고 강화시켜 주는 역할을 하고 있음을 알 수 있습니다."

하나님의 뜻이 성취되는 과정은 때때로 너무 신비하여 우리 인간의 이해력으로는 깨달을 수 없을 때가 있습니다. 그러나 기억해야 할 것은 우리가 이해할 수 없는 상황 속에서도 하나님의 계획은 한 치의 오차도 없이 완전한 성취를 향해 가고 있다는 점입니다.

3. 보혜사 성령의 증언

"내가 아버지께로부터 너희에게 보낼 보혜사 곧 아버지께로부터 나오시는 진리의 성령이 오실 때에 그가 나를 증언하실 것이요" 요 15:26

예수님께서는 앞서 보혜사 성령님을 '진리의 성령'이라고 부르셨습니다(요 14:17). 그리고 이번에는 보혜사 성령님께서 예수님에 대해 증언하실 것이라고 말씀하셨습니다. 이는 보혜사 성령님에 대한 두 번째 가르침에서 말씀하신 내용과 같습니다.

"보혜사 곧 아버지께서 내 이름으로 보내실 성령 그가 너희에게 모든 것을 가르치고 내가 너희에게 말한 모든 것을 생각나게 하리라" (요 14:26)

여기서 '내가 아버지께로부터 너희에게 보낼 보혜사'라는 표현은 역사적으로 매우 중요한 의미를 가지고 있습니다. 왜냐하면 이 구절에 대한 해석의 차이로 인해 서방 교회(로마 가톨릭과 개신교)와 동방 교회(그리스정교)가 나뉘게 되었기 때문입니다. 조금 더 구체적으로 설명하면, 개신교가 따르고 있는 서방 교회의 전통은 이 구절을 통해 성령님께서 성부 하나님에게서 나올 뿐만 아니라 성자 예수님에게서도 나온다고 믿습니다. 이것은 니케아 신조에서 "성령은 성부와 성자에게서 영원부터 발출한다."는 '성령 발출' 또는 '이중 발출'이란 유명한 교리로 확정되었습니다. 이에 반해 동방 교회는 성령님을 오직 성부 하나님에게서만 나온다고 주장하며 서방 교회의 성령 발출 교리를 반대합니다. 즉, 그들은 본문의 '아버지께로부터'라는 표현을 강조하여 성령 발출은 오직 성부 하나님으로부터만 이루어진다고 주장합니다.

하지만 본문을 자세히 살펴보면 예수님께서도 성부 하나님과 함께 성령을 보내시는 주체이심을 명확하게 알 수 있습니다. 예수님께서는 분명하게 '내가 너희에게 보낼 보혜사'라고 말씀하셨기 때문입니다. 이는 성자 예수님께서는 성부 하나님과 동일한 신성을 지니셨으며 본질적으로 하나이심을 나타냅니다. 그러므로 개신교 역시 서방 교회의 전통에 따라 성령님께서는 성부 하나님과 성자 예수님에게서 영원부터 발출한다는 '성령 발출'을 올바른 신앙으로 고백합니다.

"너희도 처음부터 나와 함께 있었으므로 증언하느니라" 요 15:27

예수님께서는 제자들도 성령님과 같이 예수님에 관해 증언할 것이라고 말씀하셨습니다. 그들은 '처음부터', 즉 예수님께서 공생애를 시작하실 때부터 예수님과 동행했습니다. 그리고 예수님의 모든 말씀을 들으며 가르침을 배웠을 뿐만 아니라 예수님께서 행하신 일들을 직접 눈으로 보았습니다. 그러므로 그들은 누구보다도 예수님을 잘 증언할 수 있었습니다(요일 1:1-3).

이러한 예수님의 말씀은 성령님의 증언이 부족하여 제자들의 도움이 필요하다는 의미는 아닙니다. 오히려 성령님께서는 제자들을 가르치시고 예수님의 말씀과 행하심을 기억나게 하셔서 그들로 하여금 세상 사람들을 향해 복음을 담대하게 전파하게 하십니다.

지금도 성령님께서는 우리가 복음의 증인으로 살아갈 수 있도록 우리와 함께하시며 우리를 가르치시고 인도하고 계십니다. 그러므로 우리는 날마다 성령 충만을 받아 권능이 넘치는 복음의 증인으로 살아가야 할 것입니다.

> **지금도 성령님께서는 우리가 복음의 증인으로 살아갈 수 있도록 우리와 함께하시며 우리를 가르치시고 인도하고 계십니다.**

"오직 성령이 너희에게 임하시면 너희가 권능을 받고 예루살렘과 온 유대와 사마리아와 땅 끝까지 이르러 내 증인이 되리라 하시니라"(행 1:8)

사랑하는 여러분, 성령님께서는 늘 우리와 동행하시며 세상의 환난과 어려움 속에서 이길 힘을 주십니다. 절망 속에서 우리를 일으키시며 예수님의 품으로 인도하십니다. 이처럼 성령님께서 우리를 도우시는 이유는 풍성한 은혜의 체험을 통해 예수 그리스도의 사랑을 세상에 널리 전파하도록 하시기 위함입니다.

그리스도의 증인으로 사는 것은 성도의 특권인 동시에 책임입니다. 미국의 마크 베일리 목사님은 '제자의 삶'에 관해 다음과 같이 말했습니다.

"예수님께서 떠나시기 전날 밤, 제자들에게 주신 삶의 철학에 관한 말씀은 참으로 놀라운 가르침입니다. 그 말씀을 요약하면 다음과 같습니다. 첫째, 그리스도 안에 거하라. 둘째, 다른 그리스도인들을 사랑하라. 셋째, 아직 예수님을 모르는 사람들에게 예수님을 증거하라. 이러한 예수님의 가르치심은 그리스도인의 삶의 요약입니다."

예수님 안에 거하며 예수님의 사랑을 받은 사람은 반드시 그 사랑을 세상 사람들에게 전해야 합니다. 그러므로 성령 충만을 받아 주님 안에 거하고 서로 사랑을 실천하여 하나님께 영광 돌리는 삶을 사시기 바랍니다. 그러면 우리의 삶의 모습을 통해 세상 사람들이 예수님의 사랑을 깨닫고 예수님께로 나아오게 될 것입니다.

묵상을 위한 질문

1. 세상이 예수님의 제자들을 미워하는 까닭은 무엇입니까(요 15:19)?

2. 세상이 예수님의 제자들을 박해한 결정적인 이유는 무엇입니까(요 15:21)?

3. 세상 사람들이 자신들의 죄를 핑계할 수 없는 이유는 무엇입니까(요 15:22)?

4. 예수님을 미워하는 자는 결국 누구를 미워하는 것입니까(요 15:23)?

5. 예수님께서는 세상이 예수님을 미워하는 것이 결국 무슨 의미라고 말씀하셨습니까(요 15:25)?

6. 당신은 예수님의 이름으로 인해 박해를 받으신 경험이 있습니까?

암송 성구

"세상이 너희를 미워하면 너희보다 먼저 나를 미워한 줄을 알라" 요 15:18

서로
사랑하라